Contenido

I0801614

Prefacio

Este librito contiene una selección de artículos que se publicaron en el periódico en inglés *The Militant* en 1997, año del 30 aniversario de la muerte en combate de Ernesto Che Guevara y sus compañeros en Bolivia. Varios de estos aparecieron también en la revista *Perspectiva Mundial*. Estos artículos tratan sobre la revolución cubana, su impacto en la política mundial, y la trayectoria comunista de su liderazgo.

Guevara, nacido en Argentina, se incorporó en 1955 al Movimiento 26 de Julio, el movimiento revolucionario encabezado por Fidel Castro. Che, según era conocido comúnmente, llegó a ser uno de los dirigentes centrales de la lucha insurreccional que en 1959 derrocó la dictadura de Batista apoyada por Washington. Conforme los trabajadores y campesinos llevaron a cabo una profunda reforma agraria y otras medidas populares que fueron restringiendo las prerrogativas de los propietarios estadounidenses y cubanos, las agresiones del gobierno norteamericano fueron en aumento. La dirección en Cuba respondió profundizando la lucha revolucionaria, y nació la primera revolución socialista en América.

Guevara, junto a Fidel Castro, fue uno de los dirigentes más capaces y clarividentes en esa coyuntura de la historia del siglo XX. Entre 1959 y 1965, asumió diversas e importantes responsabilidades en el nuevo gobierno revolucionario. Entre otros cargos, fue presidente del Banco Nacional, Ministro de Industrias, comandante militar y representante del gobierno ante muchos foros y eventos internacionales.

En 1965 Guevara renunció a sus cargos directivos en el gobierno, el partido y las fuerzas armadas de Cuba, y salió del país, ofreciendo sus esfuerzos para impulsar luchas revolucionarias en otras partes del mundo. Primero dirigió a un grupo de voluntarios internacionalistas cubanos que ayudaron la lucha antiimperialista en el Congo, nación que acababa de ganar su independencia.

En los años 1966–67 dirigió a un núcleo de revolucionarios de Bolivia, Cuba y Perú que lucharon para derrocar la dictadura militar en Bolivia. En el transcurso de esta lucha buscaban forjar un movimiento a nivel latinoamericano de trabajadores y campesinos que pudiese dirigir la batalla por la reforma agraria y contra el dominio imperialista norteamericano en el continente, e impulsar la lucha mundial por el socialismo. También buscaban ayudar la lucha revolucionaria del pueblo de Vietnam, que en esa época libraba una batalla heroica —y finalmente victoriosa— contra la agresión imperialista estadounidense. Guevara cayó herido y fue capturado el 8 de octubre de 1967. Militares bolivianos lo fusilaron al día siguiente después de consultar con Washington.

Los que deseen conocer más sobre la campaña revolucionaria en Bolivia pueden leer *The Bolivian Diary of Ernesto Che Guevara* (El diario boliviano de Ernesto Che Guevara) por Guevara, y *Pombo: a Man of Che's Guerrilla* (Pombo: un hombre de la guerrilla del Che) por el general de brigada Harry Villegas, quien luchó con Che en Bolivia. Junto con otros libros de discursos y escritos de Guevara como *Che Guevara and the Cuban Revolution* (Che Guevara y la revolución cubana), *Episodes of the Cuban Revolutionary War* (Pasajes de la guerra revolucionaria cubana), *Che Guevara Speaks* (Habla Che Guevara), *To Speak the Truth: Why Washington's 'Cold War' Against Cuba Doesn't End* (Hay que decir la verdad: por qué no cesa la 'guerra fría' de Washington contra Cuba), *El socialismo y el hombre en Cuba*, y otros títulos publicados por la editorial Pathfinder, estas obras ofrecen una perspectiva comunista irreemplazable sobre la revolución cubana y el lugar que ésta ocupa en la historia (ver los anuncios en las últimas páginas de este libro).

Entre las actividades en Cuba que conmemoraron el 30 aniversario de la caída en combate de Che en Bolivia, hubo numerosos eventos políticos organizados por el Partido Comunista de Cuba y otras organizaciones de masas, incluido el Festival Mundial de la Juventud y de los Estudiantes, al que asistieron 12 mil personas, y el Encuentro Internacional de Trabajadores Frente al Neoliberalismo y la Globalización, auspiciado por la Central de Trabajadores de Cuba (CTC). La primera parte de esta recopilación de artículos incluye reportajes sobre dos de los más importantes de estos encuentros. Ambas reuniones ayudaron a impulsar la revolución cubana y la lucha mundial por el socialismo.

El primer artículo informa sobre el taller internacional "El socialismo hacia el siglo XXI", celebrado del 21 al 23 de octubre de 1997. El segundo es el reportaje del *Militant* y de *Perspectiva Mundial* sobre el Quinto Congreso del Partido Comunista de Cuba, que se inauguró dos semanas antes en el aniversario de la muerte de Guevara. Esta sección además contiene el mensaje de saludos del Comité Nacional del Partido Socialista de los Trabajadores a ese congreso. La primera parte concluye con una reseña del libro *Secretos de Generales*, publicado en Cuba a principios de 1997. En este libro, 41 generales de las Fuerzas Armadas Revolucionarias (FAR) de Cuba explican cómo y por qué se incorporaron a la lucha revolucionaria en Cuba y relatan sus experiencias políticas y de combate en muchas partes del mundo, a lo largo de varios años, como soldados del ejército proletario internacional que Che y Fidel ayudaron a dirigir.

Como parte de la conmemoración de este 30 aniversario en Cuba, se publicaron decenas de artículos, discursos y entrevistas por aquellos que conocieron y trabajaron con Che en una amplia gama de publicaciones. Muchos de los que colaboraron con Che, así como miembros de su familia, hablaron en conferencias y otras reuniones, haciendo revivir a Che para una nueva generación y explicando la importancia actual de su legado político comunista. Muchos valiosos relatos testimoniales de revolucionarios, con detalles y observaciones que enriquecen nuestro conocimiento y comprensión de la dinámica de la lucha de clases en los primeros años de la revolución, fueron redactados y publicados por primera vez. Forman parte de la amplia discusión que se desarrolla en Cuba sobre cómo hacer avanzar la revolución hoy.

El *Militant* reprodujo una selección de estas contribuciones como serie semanal bajo la rúbrica "Che Guevara y la revolución cubana". Los 12 artículos de esta serie se reproducen en su totalidad en la segunda parte de esta recopilación, incluyendo la última contribución, un artículo del dirigente revolucionario y ex presidente de Argelia Ahmed Ben Bella sobre "Che Guevara, Cuba y la revolución argelina", publicado en la edición del 2 de febrero de 1998 del *Militant* (vol. 62, no. 4).

El *Militant* agradece especialmente a su compañero de muchos años Robin Maisel, quien sugirió que se recopilaran estos artículos. Aún más importante que haber planteado esta idea (planteada además por otros lectores), él ofreció su tiempo y experiencia organizativa para colaborar con trabajadores socialistas, Jóvenes Socialistas y otros partidarios del *Militant* en California para recaudar los fondos necesarios a fin de convertir esta idea en realidad y asegurar el éxito de la distribución entusiasta de esta colección.

Mary-Alice Waters
19 DE ENERO DE 1998

1ª PARTE

PARTIDO COMUNISTA DE CUBA AUSPICIA ENCUENTRO SOBRE LUCHA MUNDIAL POR EL SOCIALISMO

por Jack Barnes y Mary-Alice Waters

LA HABANA— "En las actuales condiciones internacionales se reafirma para nosotros que el socialismo es un imperativo", dijo aquí el dirigente cubano José Ramón Balaguer. No solo es el "resultado lógico del desarrollo de las fuerzas productivas a escala internacional, sino además [es la] única alternativa para garantizar la supervivencia humana".

Balaguer, miembro del Buró Político del Comité Central del Partido Comunista de Cuba, dio el principal discurso en el taller internacional "El Socialismo hacia el Siglo XXI", celebrado del 21 al 23 de octubre.

A escala mundial, destacó Balaguer, las crecientes contradicciones del capitalismo —económicas, sociales y políticas— y conflictos internos de clase no apuntan a una creciente estabilidad o acomodación a las necesidades del pueblo trabajador. Al contrario, son factores de más y más peso para estimular "la lucha por un nuevo régimen social", señaló.

"Se internacionaliza de forma creciente la contradicción capital-trabajo —agregó— lo que obliga a profundizar en el socialismo, también más allá de las fronteras y las contradicciones nacionales, y ratifica la vigencia de aquella consigna del marxismo

PERSPECTIVA MUNDAL/MARY-ALICE WATERS

El socialismo es 'la única alternativa para garantizar la supervivencia humana', dijo José Ramón Balaguer a los conferencistas en el taller internacional 'El socialismo hacia el siglo XXI'.

Reproducido de *Perspectiva Mundial,* diciembre de 1997.

clásico: '¡Proletarios de todos los países, uníos!' que, lejos de perder vigencia, pudiera ampliarse incluyendo a otros sectores y movimientos sociales que también sufren la barbarie del capital.

Subrayando que el socialismo no es simplemente un asunto económico, Balaguer recalcó la necesidad vital de que el movimiento obrero revolucionario tome la ofensiva moral que reivindican falsamente los ideólogos deslumbrados por el aura de los explotadores y opresores. Resaltó la obligación de "demostrar no solo la posibilidad y viabilidad del socialismo, sino también su deseabilidad".

"Asumimos el socialismo como la única y verdadera opción para moralizar las relaciones sociales", afirmó. "No se puede cejar en el empeño por demostrar en el plano teórico y en el plano práctico su clara superioridad en la plasmación de los más altos valores humanos: justicia, igualdad, equidad, libertad, democracia, respeto a los derechos humanos, soberanía nacional, solidaridad".

El encuentro, al que asistieron 200 personas de todas partes del mundo, fue uno de una serie de reuniones políticas que se han realizado en Cuba en los últimos meses. Estos eventos empezaron en julio con el Festival Mundial de la Juventud y de los Estudiantes, al que asistieron 12 mil jóvenes.

Continuaron con el encuentro internacional de sindicalistas, auspiciado en agosto por la Central de Trabajadores de Cuba bajo el nombre Trabajadores frente al Neoliberalismo y la Globalización; conferencias sobre el legado y la vigencia de la obra del líder argentino-cubano Ernesto Che Guevara; el quinto congreso del Partido Comunista de Cuba; y las ceremonias solemnes a mediados de octubre en las cuales los cubanos y personas de otros países rindieron homenaje a Guevara y a los revolucionarios que combatieron y murieron con él hace 30 años en Bolivia, cuándo sus restos fueron trasladados y enterrados en la ciudad de Santa Clara.

Ante todo, el carácter y el contenido de estas conferencias y otras actividades empezaron a confrontar la confusión política que ha caracterizado al liderazgo de amplios movimientos populares en los últimos años en América Latina y otras partes del mundo. Reflejaron las luchas sociales y económicas cada vez más amplias que brindan posibilidades reales de avanzar.

En el movimiento obrero, la crisis de liderazgo —gran parte del cual está impresionado por la aparente riqueza y fuerza del orden capitalista mundial y desorientado por su incomprensión de la implosión de los regímenes de Europa oriental y la Unión Soviética— se ha manifestado, en un país tras otro, en la tendencia de venerar el hecho existente. Lo que ha predominado es la retórica radical y el acomodamiento, no la resistencia y organización revolucionarias, a pesar de que se ahonda la crisis del sistema imperialista y el descenso de las luchas populares ha tocado fondo.

En cambio, las iniciativas tomadas por el liderazgo del Partido Comunista de Cuba han apuntado en la dirección contraria de esta capitulación centrista, promoviendo esfuerzos para encontrar puntos concretos de coincidencia en luchas comunes, de las cuales se puedan forjar nuevas alianzas.

El tiempo y los recursos materiales que le ha dedicado el liderazgo a estos eventos importantes habría sido imposible en Cuba aun hace un año. Es solo ahora, cuándo comienza a quedar atrás lo peor de la crisis económica y política precipitada por el derrumbe de los regímenes y partidos en Europa oriental y la Unión Soviética, que se puede sostener dicho esfuerzo. Las personas que visitan Cuba nuevamente pueden palpar el sentido de alivio de las tensiones extremas de los últimos años, cuándo todas las energías se concentraban en la batalla por los frijoles y las papas.

El año del 30 aniversario de la muerte en combate de Ernesto Che Guevara y sus compañeros se ha convertido en una ocasión para celebrar, de manera digna y profundamente resuelta, el hecho de que se ha vencido y conquistado lo peor de lo que en Cuba se conoce como el período especial.

Es más, se ha convertido en el momento para que la vanguardia comunista de los obreros y campesinos cubanos reafirme solemnemente la perspectiva socialista revolucionaria e internacionalista que todo el liderazgo cubano, incluido Guevara, ha luchado por defender a lo largo de los últimos 40 años, y que incorpore a los revolucionarios a nivel mundial en las responsabilidades directivas internacionales que la dirección cubana ha asumido en un mundo en que se avizoran nuevas batallas.

Encuentro internacional

Unos 97 partidos y otras organizaciones políticas, y varios "tanques pensantes" académicos o independientes, respondieron a la invitación del Partido Comunista de Cuba y de la Escuela Superior Ñico López a asistir al taller internacional. Su objetivo era "debatir el socialismo como alternativa real frente a la presente sociedad capitalista".

La mayor participación fue de Sudamérica, con representantes de partidos de todos los países donde el español o el portugués es el principal idioma. De la mayoría de los países hubo delegados de varias organizaciones políticas con las cuales el Partido Comunista de Cuba mantiene relaciones fraternales. En contraste, Centroamérica y el Caribe de habla inglesa, francesa y holandesa estuvieron poco representados; no hubo delegados de partidos en Guatemala, Honduras o Nicaragua.

De Estados Unidos hubo delegados en representación del Partido Socialista de los Trabajadores, el Partido Mundo Obrero, Comités de Correspondencia, el Partido Revolucionario de Todos los Pueblos Africanos y el Partido de la Libertad Socialista. De Canadá llegaron representantes de la Liga Comunista, del Partido Comunista de Canadá (Marxista-Leninista) y de Acción Socialista.

Desde África llegaron delegados de Zimbabwe, Angola y Ghana. Participaron representantes de los partidos gobernantes en China, Vietnam, Laos y la República Popular Democrática de Corea, así como de organizaciones políticas de Sudcorea, India, Turquía y Palestina. No hubo delegados de Australia, Nueva Zelanda, Indonesia o Japón.

Los Partidos Comunistas de varios países europeos, incluidos Rusia y la República Checa, estuvieron representados por un delegado, y más de un delegado en unos pocos casos, pero apenas hubo presencia de otras organizaciones políticas de Europa. Del Reino Unido enviaron delegados la Liga Comunista y el Grupo Comunista Revolucionario. Dinamarca fue el único país escandinavo que tuvo representación.

Las palabras de apertura de Balaguer, en nombre del Partido Comunista de Cuba, sentaron los principales temas de discusión y ofrecieron un nítido enfoque político para las sesiones que se dieron posteriormente en las comisiones. Los temas de las tres comisiones se definieron ampliamente como "Realidades del socialismo contemporáneo", "La vigencia del pensamiento marxista y leninista" y "El imperialismo a finales del actual milenio".

En general, los enfoques políticos divergentes entre la amplia gama de partidos e individuos presentes fueron expresados en un intercambio indirecto, mediante presentaciones resumidas por parte de voceros de cada una de las organizaciones. Sin embargo, en el transcurso de los tres días, varias de las cuestiones planteadas por Balaguer en su presentación se convirtieron en el objeto de intercambios más directos en algunas de las comisiones.

Globalización y naciones-estado

Después de destacar el hecho de que muchos fenómenos están agrupados bajo el estandarte "de moda" de la "globalización", Balaguer observó que desde el inicio del movimiento obrero moderno, "El marxismo, desde hace ya mucho tiempo, se había encargado de advertirnos que el crecimiento de un entramado de relaciones económicas internacionales constituye un proceso objetivo del capitalismo. La vocación internacional del capital —uno de sus rasgos definitorios— hizo posible que el dominio capitalista tuviera, como uno de sus ingredientes, el establecimiento de un sistema mundial, el primero propiamente dicho en la historia de la humanidad.

"Esa misma vocación internacional, ahora asistida por los colosales avances científico-tecnológicos, da como resultado un elevadísimo grado de internacionalización del capital".

Pero la globalización no implica que sea menos importante el estado, enfatizó. "Bajo la idea de una futura 'aldea global', que nos trae a la memoria las posturas de comienzos de siglo respecto al 'superimperialismo', se nos habla de una nueva economía mundial, en la que se viabilizará el ambiente de permanente armonía, entre países y en el interior de ellos, a que habría dado lugar el fin de la guerra fría. Más aún, se asume que los estados nacionales casi se han disuelto, y perdido el sentido la soberanía nacional, en virtud de unas tendencias universales que han ido uniformando el funcionamiento del sistema".

Pero sucede lo contrario, señaló Balaguer. "La globalización no significa un mecanismo automático de solución de las contradicciones y heterogeneidad que han acompañado al desarrollo del capitalismo". El nuevo nivel de rivalidad interimperialista y el ensanchamiento de la brecha entre los países desarrollados y subdesarrollados, y al interior de ellos, significan que el mundo es hoy "más inestable, disgregado y más políticamente explosivo que nunca".

Un grupo de trabajo compuesto de cuatro participantes cubanos de la Universidad de La Habana y del departamento de investigación del Comité Central del partido abordó el debate sobre este tema en la comisión sobre el imperialismo. En su sumario, ellos argumentan que el capitalismo monopolista de estado en la época de Lenin, sobre el cual él basó su análisis del imperialismo, hoy se ha "metamorfoseado" en capitalismo transnacional. El capital, insistieron, al circular más y más masivamente, cruzando fronteras nacionales, "va abandonando toda base nacional".

El debate sobre este tema y sus implicaciones políticas continuaron en diferentes momentos durante los tres días. Una de las respuestas más claras la brindó otro participante cubano en la comisión, Jorge Risquet Valdés, miembro del Comité Central. Risquet utilizó su intervención de dos minutos para rebatir la implicación de que las grandes empresas capitalistas ya no dependen de uno u otro determinado estado para defender su propiedad y sus intereses. "El gran capital aún necesita un estado", contestó Risquet. "Con su crisis que se acrecienta, cada potencia capitalista —ahora más que nunca— necesita un ejército contra sus competidores extranjeros y un aparato policial contra su propia clase obrera".

Para hacer frente al poderío del imperialismo, resaltó, los revolucionarios necesitan tomar el poder y mantenerlo, como han hecho en Cuba. Él les recordó a los conferencistas la fecha en que estaba hablando, el 22 de octubre, 35 años desde que el gobierno norteamericano puso al mundo al borde de una guerra nuclear y amenazó con aniquilar a todo el pueblo cubano por el asunto de los misiles soviéticos que se instalaron en Cuba como acto soberano de defensa propia.

Otros delegados, hablando en nombre del Partido Socialista de los Trabajadores en Estados Unidos y del Frente Democrático Nacional de Corea del Sur, también respondieron a la implicación política de la posición de que la "globalización" representa algo cualitativamente nuevo en la historia del capitalismo y que los estados-nación tienen menor importancia en el mundo de hoy.

El delegado sudcoreano les recordó a los participantes las 37 mil tropas norteamericanas que están estacionadas en su país y la constante amenaza de guerra que significa su presencia.

Proceso de rectificación

En la comisión sobre "Realidades del socialismo contemporáneo", se dio una discusión sobre el carácter del proceso de la rectificación que la dirección del Partido Comunista de Cuba lanzó en 1986. Manuel Monereo, secretario de formación del Partido Comunista de España y miembro de la dirección federal de Izquierda Unida, cuestionó la afirmación de Darío Machado, director del Centro de Estudios sobre América en La Habana, quien explicó que Cuba había logrado afrontar el desafío del período especial, tras el derrumbe del bloque soviético, gracias a las medidas tomadas durante el proceso de rectificación que habían reforzado la revolución.

Se había infundido al interior de Cuba el espíritu de las misiones internacionalistas, se habían expandido las brigadas de trabajo voluntario, y se había profundizado la participación de los trabajadores en la toma de decisiones sobre la producción, dijo Machado.

Monereo impugnó esta valoración, preguntando si no era cierto que el proceso de rectificación y las brigadas de trabajo voluntario en realidad habían acentuado los problemas económicos en Cuba debido a su "ineficiencia", y argumentó que la participación de los trabajadores en las decisiones sobre la producción no tiene nada de revolucionario en sí, que eso es lo que hace la Toyota para aumentar la productividad.

Machado había presentado un informe que profundizó en otro de los temas planteados por Balaguer en la apertura.

Apuntando que en este encuentro no tenía "el ánimo de detenernos en el análisis del derrumbe del socialismo" en Europa, Balaguer dijo que "el llamado efecto dominó no llegó hasta nuestro país.

"La liquidación del socialismo en Europa del Este y la URSS tuvo sus causas históricas, socioeconómicas y políticas que entre nosotros se han ido esclareciendo —comentó—. Pero algo sí ha quedado bien demostrado, y es que ese proceso europeo no significó el fracaso del socialismo como sistema".

Tampoco implica, agregó Balaguer, "la nulidad del marxismo y del leninismo como guías de nuestra acción. Sí significó el desmoronamiento de un tipo de marxismo dogmático y vulgar, que en esos países alcanzó fuerza de teoría oficial, enterrando muchos principios centrales de nuestros clásicos y elevando a carácter de ley universal, tesis que solo servían para justificar posiciones políticas y que apenas contaban con aval científico". Todos sabemos, puntualizó Balaguer, "que los clásicos no nos diseñaron un esquema de la sociedad socialista; ellos elaboraron tesis fundamentales. El socialismo que sucumbió se había ido alejando del ideal socialista concebido por Marx, Engels, Lenin y otros marxistas".

GRANMA

La crisis capitalista conducirá a nuevas masacres de trabajadores como la guerra dirigida por Washington en 1991 contra el pueblo de Iraq **(arriba)**. Para confrontar al imperialismo, recalcó Balaguer, los revolucionarios deben tomar y ejercer el poder estatal. Habló 35 años desde que el gobierno norteamericano pusiera el mundo al borde de una guerra nuclear por el asunto de los misiles soviéticos en Cuba, instalados en defensa propia. **Abajo:** milicianos cubanos con armas antiaéreas frente al Hotel Riviera en La Habana durante crisis de misiles en octubre de 1962.

Mientras ocurrían estos acontecimientos, apuntó Balaguer, "Cuba transitaba por un proceso de rectificación de errores y tendencias negativas, iniciado en 1986 por la dirección de nuestro partido. Habíamos llegado a la conclusión de que el modelo de dirección de la economía, copiado en buena medida de la experiencia soviética, debía ser sometido a raigales transformaciones" porque había desviado "la construcción del socialismo hacia derroteros nada revolucionarios".

"Comenzamos un proceso a escala social, que partiendo de la esfera económica trascendió a la vida política del país. Iniciamos un proceso de rectificación y perfeccionamiento de nuestro socialismo, desde posiciones socialistas".

Al responder a la impugnación del proceso de rectificación por parte del representante del Partido Comunista de España en el debate de la comisión, Machado insistió en que la participación de los trabajadores cubanos en la solución de los problemas económicos y sociales fundamentales que enfrentaban —como habían hecho los "parlamentos obreros" durante el período especial— significaba rescatar los elementos más "autóctonos" de la revolución cubana.

A nivel informal se dio una tercera discusión —una que implica consecuencias políticas aún más directas a través del mundo— sobre el problema de qué alianzas deben negociar los revolucionarios con otros partidos políticos que se oponen a las ofensivas capitalistas de austeridad (y la correlación de fuerzas temporal que las hacen posibles) que frecuentemente se denominan, especialmente en América Latina, "neoliberalismo". Balaguer había abordado también este problema en su discurso.

Alianzas, principios y las bases

Debido a "la creciente transferencia de la soberanía, y la toma de decisiones hacia los centros del poder mundial y los organismos transnacionales", señaló Balaguer, "el poder del estado-nación, uno de los objetivos en pos del cual se realizan las luchas revolucionarias, comienza a devaluarse. Es por ello que constituye una prioridad reevaluar el tema de las luchas por el poder, así como valorar los instrumentos y las formas de participación política de la izquierda en la sociedad".

Al seguir una política de alianzas frente a la política capitalista destinada a deprimir los salarios y el nivel de vida del pueblo trabajador y a restringir los derechos democráticos, planteó Balaguer, "en nuestra opinión, una concertación de las fuerzas revolucionarias con otros sectores alrededor de objetivos de corto, mediano o largo plazo, debería ser un proceso en el que las partes representen, con nitidez meridiana, sus intereses esenciales. No parece ser aceptable renunciar al socialismo o a las posiciones revolucionarias para ser aceptado... Lo único que para los revolucionarios no es negociable son los principios".

Asimismo, Balaguer resaltó la importancia de la no exclusión, o sea, de no "reproducir, a otros niveles, las viejas tradiciones de sectarismos que nos muestran tan vulnerables frente a la dominación del imperialismo". La gran diversidad de nuevas fuerzas sociales, y el nuevo perfil de otras, señaló, crean nuevas posibilidades para una amplia política de alianzas con ecologistas, campesinos, los sin tierras y los sin techos, fuerzas opuestas a la opresión sexual, religiosa, racial y étnica y otras.

Es más, las alianzas negociadas como componendas entre dirigentes sin el apoyo y el entendimiento de los miembros de base son inaceptables desde un punto de vista revolucionario, dijo Balaguer. "La esencia de cualquier alianza que pretenda una perspectiva de izquierda es que se estructura desde, por y para los de abajo", apuntó.

Aunque no se planteó en las comisiones de manera explícita, quedó claro durante los tres días de discusiones informales con los delegados que los debates y las divisiones en torno a estas cuestiones han calado profundamente en reagrupamientos políticos centristas tales como el Partido de los Trabajadores en Brasil. Y también plantean importantes retos para fuerzas revolucionarias.

A pesar de las sugerencias de algunos delegados de las ventajas de redactar una declaración política común a ser adoptada al cierre de los tres días de discusión, los anfitriones de la conferencia y la abrumadora mayoría de los conferencistas insistieron en que la importancia del encuentro residía en el hecho de que éste había iniciado un proceso de debates que, junto a eventos como el festival juvenil y el encuentro sindical, debía ser continuado en los meses siguientes, a través de diversas publicaciones y conferencias, según se considerara apropiado.

Sin embargo, el taller concluyó con el consenso de la mayoría de los presentes de que la iniciativa para organizar tal encuentro internacional de partidos políticos no podría haber surgido de otra fuerza que no fuese el Partido Comunista de Cuba y que representaba un hito importante.

Según lo expresó Balaguer, "No nos cabe la menor duda de que el mundo tiene dos caminos: o la continuidad de la barbarie capitalista, o la búsqueda de alternativas a ese estadio. Para nosotros los cubanos, como para millones de seres humanos, la alternativa sigue siendo el socialismo".

Marcella FitzGerald y Michel Prairie contribuyeron a este artículo.

CONGRESO DE PARTIDO CUBANO FORTALECE CURSO SOCIALISTA DE LA REVOLUCIÓN

por Martín Koppel y Mary-Alice Waters

LA HABANA— "Estamos abiertos a todas las posibilidades y a todas las experiencias: todas menos la de rendirse, de renunciar al socialismo, de renunciar a las conquistas de la revolución y del poder del pueblo, de admitir a que otros sean dueños de nuestro país". La afirmación de esta trayectoria política fundamental fue la médula del informe inicial del presidente cubano Fidel Castro al Quinto Congreso del Partido Comunista de Cuba, celebrado aquí del 8 al 10 de octubre.

GRANMA

GRANMA

El presidente cubano Fidel Castro **(der.)** da informe de apertura al V Congreso del Partido Comunista de Cuba el 8 de octubre. Delegados al congreso **(arriba)**. Los retratos en el escenario son **(de izq. a der.):** Carlos Marx, V.I.Lenin, José Martí, héroe nacional de Cuba, Julio Antonio Mella, fundador del Partido Comunista de Cuba en 1925 y Ernesto Che Guevara. La consigna dice: 'Este pueblo, este partido, jamás entregarán su unidad. Fidel.'

Esta posición fue ratificada por los casi 1 500 delegados al congreso y fue expresada también en las calles por trabajadores que siguieron las deliberaciones por televisión y radio, los cuales le dedicaron muchas horas de transmisiones.

'Ni recetas ni milagros'

El congreso del partido "se enfocó en el problema que todos hemos estado discutiendo: la economía", dijo Juan José Iglesias, de 51 años, obrero de una fábrica de pintura. "Fidel tenía razón en lo que dijo. Para salir del Período Especial no hay ni recetas ni milagros. Tenemos que seguir resistiendo, trabajando muy duro, confiando en la inteligencia y la creatividad de cada persona. Lo que no vamos a hacer es regresar a los días del capitalismo".

Iglesias hizo este comentario mientras hacía cola con otros 60 compañeros de trabajo y miles de personas que se dieron cita en la Plaza de la Revolución para rendir homenaje a Ernesto Che Guevara y a sus compañeros revolucionarios que cayeron en combate hace 30 años en Bolivia. Se refería a la severa crisis económica en Cuba —conocida aquí como el Período Especial— precipitada por la pérdida repentina del 85 por ciento del comercio exterior de la pequeña isla cuándo los regímenes del bloque soviético se desintegraron.

El congreso mismo se inauguró en la fecha que se conmemoraba el 30 aniversario del asesinato de Che por los militares bolivianos apoyados por Washington. Se clausuró el 10 de octubre, aniver-

Reproducido de *Perspectiva Mundial*, noviembre de 1997.

sario del Grito de Yara, la convocatoria a las armas que en 1868 inició la primera guerra cubana por la independencia contra España.

Los delegados al quinto congreso adoptaron cuatro resoluciones importantes: una titulada "El partido de la unidad, la democracia y los derechos humanos que defendemos"; una resolución sobre política económica; una resolución aprobando la línea del informe central que dio Castro; y enmiendas a los estatutos del partido. También eligieron un Comité Central, el organismo que toma decisiones entre congresos, y ratificaron al Buró Político y al primer y segundo secretarios elegidos por el nuevo Comité Central.

El Partido Comunista había publicado y difundido "El partido de la unidad, la democracia y los derechos humanos que defendemos" poco después de que se convocara el congreso a mediados de abril. El documento fue debatido por los militantes del partido y miembros de la Unión de Jóvenes Comunistas, y en miles de asambleas en centros de trabajo y barrios organizados por los sindicatos y otras organizaciones de masas.

El documento delinea el legado revolucionario de Cuba —de las batallas independentistas contra España en el siglo XIX a las luchas contra la dominación imperialista norteamericana durante todo el siglo XX, al derrocamiento de la dictadura de Batista apoyada por Washington— y repasa las conquistas de la revolución socialista. Rebatiendo los argumentos de los opositores de la revolución de que el gobierno cubano y el Partido Comunista son totalitarios, éste defiende el carácter democrático de la revolución socialista de Cuba por ser un país en que el pueblo trabajador está en el poder.

El centro de las deliberaciones del congreso fue una discusión concreta de la severa crisis económica que Cuba ha vivido desde el último congreso del partido, celebrado en 1991, y una reafirmación de la voluntad de encontrar una vía colectiva y obrera.

Esta discusión empezó con el informe central de Fidel Castro, primer secretario del partido. Castro dejó a un lado el informe por escrito que se había preparado para su lectura al congreso, y sencillamente habló a los delegados —y a través de ellos al pueblo cubano— por casi siete horas. Detalló las condiciones que Cuba ha afrontado durante los últimos seis años.

Entre 1989 y 1992, apuntó Castro, las importaciones a Cuba habían bajado desde unos 8 mil millones de dólares anuales a la cuarta parte de esa suma. "Véase que brutal reducción, y de forma repentina, de todos aquellos alimentos y factores que eran básicos para la vida del país, para más de 10 millones de habitantes, para la revolución".

Para 1992, Cuba ya había perdido casi todas las fuentes vitales de suministros y mercados, y tuvo que buscar nuevas fuentes, dijo el presidente cubano. "Cientos de miles de hombres y mujeres prácticamente se quedaron sin contenido de trabajo en las fábricas, sin materias primas. El circulante creció a límites insospechados. Nuestra moneda se devaluó tremendamente. Los subsidios del estado se multiplicaron. El déficit presupuestario alcanzó hasta el 30 por ciento o más del Producto Interno Bruto". Castro añadió que hasta los suministros de armas y otros recursos de la defensa para las Fuerzas Revolucionarias de Cuba se vieron reducidos casi a cero.

En vista de este cuadro drástico, agravado por la guerra económica de Washington contra Cuba, la cual una y otra vez ha socavado acuerdos comerciales negociados a duras penas, los voceros capitalistas por todo el mundo "pronosticaban que los días de la revolución estaban contados. El pronóstico era de que este país pequeño no iba a poder resistir al lado de Estados Unidos", comentó Castro.

Pero qué creían que íbamos a hacer nosotros, preguntó. "¿Doblegarnos? ¿Rendirnos? Eso es lo que se pedía de Cuba: la rendición incondicional, la entrega total de la nación y del pueblo a los enemigos de la nación y del pueblo, la renuncia de nuestras conquistas, ideas e ideales".

Rechazan regreso al capitalismo

La dirección revolucionaria de Cuba adoptó una trayectoria diferente, dijo Castro. Rechazó el regreso "a las cosas oprobiosas del pasado". Al hacer esto, indicó Castro, también han tenido que librar una lucha dentro del país "contra el que se desalienta, se desmoraliza, el que viola las leyes en perjuicio de los demás".

Castro repasó algunas de las medidas más importantes que se han aplicado para frenar el deslice de la economía y reactivar la producción: el permitir el uso del dólar norteamericano como una moneda legal, el desarrollo del turismo y el fomento de la inversión extranjera capitalista en Cuba. "Aunque no nos gustaba mucho, el desarrollo exigía capital, buscar tecnologías y mercados nuevos", dijo Castro.

Estas medidas, explicó Castro, han generado inevitablemente diferencias sociales indeseadas. Continuó diciendo que a pesar de estas consecuencias negativas, Cuba ha podido mantener las conquistas más fundamentales de la revolución. El desplome del Producto Interno Bruto tocó fondo en 1994 y desde entonces se ha registrado una leve recuperación económica.

A diferencia de otros "países que viven en constante Período Especial", dijo Castro, Cuba aún mantiene índices sociales —tales como la expectativa de vida y la mortalidad infantil— que son comparables a los de las naciones industrializadas.

Castro hizo referencia al incremento de la mortalidad infantil, la baja de la expectativa de vida y el deterioro de otros aspectos sociales en la ex Unión Soviética. Dijo que esto demostraba lo que significa abandonar la trayectoria socialista y seguir una vía hacia el capitalismo, "un sistema prehistórico aunque impere en el mundo, porque no tiene nada que ofrecerle al hombre: un lobo queriendo devorar a otro no tiene nada que ver con el ser humano".

Washington libra una guerra económica sin cuartel contra Cuba, destacó Castro. "Por eso tenemos que ser soldados y pelear como buenos soldados en la guerra económica".

Enfatizó la necesidad de un liderazgo político para librar estas batallas, observando que "se requiere de un trabajo especial en la formación de la juventud".

'Che y la revolución son la misma cosa'

Castro dedicó la última parte de su discurso a la importancia de las cualidades directivas de Che Guevara, sus ideas, el papel que desempeñó en Cuba y la identidad entre Che y la revolución cubana. Che y los cubanos se juntaron en el *Granma,* explicó Castro, para iniciar la guerra revolucionaria. Juntos vivieron la Crisis de Octubre de 1962 cuándo Washington amenazó con aniquilar al pueblo cubano en una confrontación nuclear. Juntos "iniciaron la construcción del socialismo, este socialismo que es tan nuestro como suyo". Y juntos combatieron y murieron en África y Bolivia. "Che y la revolución son una misma cosa", declaró Castro.

El debate principal en el congreso se dio bajo el informe sobre el proyecto de Resolución Económica presentado por Carlos Lage, miembro del Buró Político y secretario del Comité Ejecutivo del Consejo de Ministros. A pesar de notarse incrementos en la producción de níquel, la industria ligera, la industria de materiales de construcción y el tabaco —señales de la recuperación— la economía cubana ha crecido solo en 2.1 por ciento en lo que va del año, mientras que el año pasado alcanzó el 7.8 por ciento.

La causa principal del crecimiento inferior, indicó Lage, fue la caída de la producción azucarera. Aunque no se han publicado cifras oficiales sobre la producción de azúcar de este año, la cifra más común es la de 4.2 millones de toneladas, menos que la zafra del año anterior, la cual fue de 4.45 millones de toneladas. En contraste, la producción anual de azúcar durante los años previos al inicio del Período Especial oscilaba alrededor de 8 millones de toneladas.

El golpe más duro para la última zafra fue la pérdida de 200 millones de dólares en créditos a raíz de la aplicación de la llamada ley Helms-Burton. La ley dicta sanciones contra las empresas que "trafican" con propiedades que antes habían sido de ciudadanos norteamericanos en Cuba. El gobierno cubano perdió estos préstamos de corto plazo y de elevados intereses en los momentos cruciales cuándo necesitaba importar fertilizantes, repuestos de máquinas y otros insumos para la zafra.

Desafío en la agricultura

Lage resaltó algunos de los problemas que enfrentan las Unidades Básicas de Producción Cooperativa (UBPC), tanto las cañeras como las que producen alimentos. Según las cifras publicadas a fines de septiembre en el Encuentro Nacional de UBPC No Cañeras en Santiago de Cuba, el 69 por ciento de éstas presentan pérdidas, aunque menos que hace un año. Apenas una de cada cuatro de estas cooperativas son autosuficientes en alimentos. Estos problemas son aún más críticos en las UBPC cañeras.

GRANMA/ISMAEL FRANCISCO

PERSPECTIVA MUNDIAL/LAURA GARZA

Ramón Romero **(izq., de pie)**, presidente de cooperativa cañera Primer Soviet de América en Mabay, provincia de Granma, explica a los delegados cómo esa finca ha logrado buenos rendimientos en los últimos 14 años. Detrás suyo está Orlando Lugo Fonte, presidente de la Asociación Nacional de Agricultores Pequeños (ANAP). El debate en el congreso se enfocó concretamente en la actual crisis agropecuaria en Cuba y cómo superarla. **Der.:** trabajadores cosechan caña en cooperativa en Santa Clara, marzo de 1996.

La parte más rica del debate en el congreso se enfocó en la crisis agrícola. Numerosos delegados plantearon evaluaciones claras y concretas de los desafíos que enfrentan, y en algunos casos dieron ejemplos donde los trabajadores y agricultores habían logrado adelantos importantes. El hilo de todo el debate, según lo señaló Castro en su informe, era que no hay soluciones mágicas, que lo que se precisa es un liderazgo comunista para erradicar los métodos administrativos y rutinarios, en combinación con mucho trabajo.

Ramón Romero, presidente de la cooperativa cañera Primer Soviet de América en Mabay, provincia de Granma, describió con lujo de detalles cómo los campesinos allí habían logrado sistemáticamente un buen rendimiento en los últimos 14 años. El Primer Soviet es un tipo de cooperativa, la Cooperativa de Producción Agropecuaria, que se organizó mucho antes que las UBPC.

Romero describió la atención que dedican a las variedades de cultivo, a la reducción de costos y a la participación activa de todos sus miembros, lo cual eleva la moral. Además trabajan un promedio de 10 horas por día, dijo Romero, mientras que se informa que el promedio trabajado en las nuevas UBPC es cerca de cinco horas diarias.

Los presidentes de otras 39 CPA de muchas provincias de toda Cuba han viajado al Primer Soviet, dijo a los delegados Orlando Lugo Fonte, presidente de la Asociación Nacional de Agricultores Pequeños (ANAP), y se han llevado la experiencia para generalizarla.

Parte del debate se enfocó en el papel que las fuerzas armadas cubanas han desempeñado al contribuir a elevar la producción agropecuaria por medio del Ejército Juvenil del Trabajo (EJT).

El EJT, unidades voluntarias de jóvenes soldados del ejército, muchas veces se encargan de las fincas que presentan los mayores desafíos. Trabajan hombro a hombro con los trabajadores civiles y establecen altas normas de disciplina y producción.

Róger Delgado, de Matanzas, hizo un recuento de su experiencia en la finca citrícola Victoria de Girón en Jagüey Grande, de la cual es director. En esta finca, organizada por el EJT, los trabajadores produjeron 400 mil toneladas de frutas en el último año, rompiendo su récord histórico establecido en 1989, antes del Período Especial. Lo lograron con apenas la mitad del terreno cultivado, menos tractores y menos consumo de combustible. Se organizan en dos turnos diarios y han tomado otras medidas para mejorar su eficiencia.

Belén Peña, de 37 años, es la presidenta de una finca cafetalera que forma parte de la UBPC Naranjal en la provincia de Santiago, y es además secretaria del núcleo del Partido Comunista en la finca. Ella narró cómo los trabajadores habían transformado la producción cafetalera en la finca, que de ser la peor del municipio se convirtió en la mejor. Luego ella provocó asombro, risas y aplausos cuándo explicó que ella y otros trabajadores habían sustituido a toda la junta ejecutiva, inclusive al administrador de la UBPC —su esposo, le dijo al congreso— por "amiguismo".

Debate sobre las UBPC

A pedido de la presidencia del congreso, secretarios provinciales del Partido Comunista en varias de las provincias con mayor producción azucarera abordaron los problemas políticos que hay detrás de las dificultades económicas de las UBPC. Pedro Sáez, primer secretario del partido en Sancti Spíritus, declaró, "Cuándo las granjas estatales se convirtieron en UBPC, muchos de los jefes de las granjas estatales pasaron a ser jefes de las UBPC. No hubo cambio de mentalidad: se quedaron con la idea de que había recursos ilimitados y que no había consecuencia alguna".

Asimismo, Jorge Luis Sierra, primer secretario en la provincia de Holguín, dijo que al reorganizar las granjas estatales, "cambiaron las estructuras pero no los cuadros".

El primer secretario en la provincia de Santiago, Juan Carlos Robinson, argumentó que si no hay disciplina, se desperdicia hasta el potencial productivo más grande. Otros factores decisivos, enfatizó, son el mejor uso de la jornada laboral y la dirección política por parte de la unidad local del partido. En la provincia de Santiago, una de las que han registrado ganancias palpables, "tenemos el 100 por ciento del área cañera sembrada: ahora no tenemos áreas vacías, lo cual es fundamental".

Cuestión de liderazgo

Uno de los puntos más importantes en el temario del congreso fue la elección del Comité Central. Raúl Castro, segundo secretario del partido, informó sobre el trabajo de la comisión que hizo las nominaciones para el nuevo comité. El congreso decidió elegir un Comité Central de 150 miembros, un tercio más reducido que el anterior. Castro explicó que en los últimos dos congresos se había elegido un comité de 225, eliminando la categoría de miembros suplentes. Dijo que el comité se había vuelto excesivamente grande y que muchos de sus integrantes realmente no funcionan como parte de un comité de trabajo colectivo.

Al hablar a favor de la reducción del comité, Raúl Castro señaló que el Partido Comunista de China tiene un Comité Central de 300 y pico, a pesar de que ese partido cuenta con 58 millones de miembros, comparado con los 600 mil miembros del Partido Comunista de Cuba. El Comité Central, subrayó, no debe basarse únicamente en representatividad, sino en probadas capacidades de liderazgo.

El comentó que "existe la percepción de que el que sale del Comité Central no retorna nunca más" al CC, pero que esa noción es falsa.

Castro habló también de la necesidad de renovar y continuar la transición en el liderazgo. Mucha gente vio la elección del Comité Central como una forma de fomentar esta transición hacia una generación de dirigentes cubanos con mayor experiencia que se criaron dentro de la revolución y que han ido cobrando experiencia.

El nuevo CC incluye a varios cuadros jóvenes del partido, incluido un número considerable de individuos que anteriormente habían sido líderes de la UJC y que actualmente desempeñan responsabilidades directivas cotidianas en el partido y el gobierno.

También se renovó el Buró Político de 24 miembros. Entre los seis miembros que no habían estado antes en el Buró Político, se encuentran algunos de los jóvenes secretarios provinciales del partido, como Sáez, Robinson y Sierra, así como Misael Enamorado de Las Tunas.

De los propios delegados al congreso, el 16 por ciento eran menores de 35 años de edad, y el 22 por ciento son mujeres.

En un discurso sustancial de clausura, Fidel Castro volvió a las principales cuestiones políticas debatidas. Destacó los ejemplos positivos que los delegados habían descrito: de trabajadores que toman control de las decisiones y que se organizan para alcanzar sus metas para incrementar la producción al tiempo que limitan los gastos.

En cada caso, los motivos de su éxito no tenían nada misterioso o singular, apuntó. "Es imprescindible convertir la excepción en regla, convertir la eficiencia en regla".

Hacerlo mejor que los capitalistas

Castro señaló que en nombre de la eficiencia, los capitalistas y sus gobiernos llevan a cabo políticas contra los intereses de los trabajadores. "No vamos a privatizar las empresas, no vamos a tomar ese camino", dijo. En los países capitalistas, dichas medidas han causado mayor desempleo y un ritmo de trabajo acelerado. En un país donde los obreros y campesinos tienen el poder, la lucha por la eficiencia y la calidad y contra el derroche debe formar parte de los esfuerzos de los trabajadores para tomar cada vez más control de la economía del país para beneficio de la sociedad.

"Si los capitalistas pueden administrar una empresa con eficiencia, nosotros podemos hacerlo mejor que los capitalistas", argumentó Castro. "Tenemos la obligación de convertirnos en administradores, en buenos administradores.

"Hagámoslo no solo por nuestro bienestar. Hagámoslo por las hermosas ideas que defendemos [y] para combatir el insostenible y despiadado sistema capitalista, que no tiene porvenir".

En los primeros años de la revolución, "teníamos el espíritu de 'Patria o Muerte, ¡Venceremos!' ". Ahora, agregó Castro, "tenemos que tener ese mismo espíritu" al luchar por mejorar la productividad.

Castro recalcó en su discurso de clausura el tipo de liderazgo que necesita el pueblo trabajador. Subrayó la capacidad de los seres humanos de transformarse mediante la lucha revolucionaria, señalando a los miles de cubanos que han tomado parte en misiones internacionalistas en países como Nicaragua y Angola. "Por eso dijo Che que ser revolucionario es el escalón más alto de la especie humana", dijo.

Castro recordó la vida de Roberto Rodríguez, un combatiente del Ejército Rebelde conocido como El Vaquerito, quien en poco tiempo llegó a ser un combatiente extraordinario en la Columna 8 de Che Guevara y dirigente del célebre "Pelotón Suicida", el cual emprendió algunas de las misiones militares más peligrosas. El murió en combate en Santa Clara el 30 de diciembre de 1958, en víspera del triunfo revolucionario.

"El mismo Vaquerito no pudo haberse imaginado en qué se convirtió. Los hombres tienen más cualidades de lo que se imagina. Esa fue la virtud de Che: su capacidad de promover estas cualidades, fundamentalmente por su propio ejemplo.

"Ahora, cuándo conmemoramos el 30 aniversario de su caída, debemos traer algo más que sus restos mortales. Debemos traer también sus ideas y su ejemplo inmortales".

SALUDOS DEL COMITÉ NACIONAL DEL PARTIDO SOCIALISTA DE LOS TRABAJADORES AL V CONGRESO DEL PARTIDO COMUNISTA DE CUBA

El siguiente mensaje fue enviado por el secretario nacional del Partido Socialista de los Trabajadores, Jack Barnes, a nombre de su Comité Nacional, al Quinto Congreso del Partido Comunista de Cuba, celebrado en La Habana del 8 al 10 de octubre. Reproducido de la edición de enero de 1998 de *Perspectiva Mundial.*

Estimados compañeros:

La conmemoración del 30 aniversario de la caída en combate del Guerrillero Heroico y sus compañeros no solo marca solemnemente el Quinto Congreso del Partido Comunista de Cuba y nos recuerda a todos la perspectiva por la cual ha luchado Fidel desde el comienzo. También presagia las batallas que decidirán el destino del siglo XXI.

Nuevas generaciones de trabajadores revolucionarios —incluidos aquellos dentro de la potencia imperialista más brutal y poderosa de la historia, Estados Unidos de Norteamérica— sacarán fuerza del ejemplo de estos combatientes heroicos y de las lecciones que hemos aprendido de los hombres y mujeres que hicieron posible la revolución cubana y que cambiaron el curso de la historia en nuestra época.

La realidad que caracterizará el siglo en cuyo umbral nos encontramos es la realidad de la creciente debilidad histórica del imperialismo norteamericano. Este enfrenta a nivel mundial el número cada vez mayor de sepultureros creados por el propio imperialismo, y las decrecientes barreras políticas a la unidad de lucha entre ellos. A medida que esta verdad rompa la superficie de riqueza y arrogancia imperialistas, será emulado el ejemplo de los combatientes de Ñacahuazú, de la dirección de la Sierra Maestra, y de los trabajadores-bolcheviques que establecieron y defendieron la primera victoria socialista de nuestro siglo.

Nuestra tarea es la de organizarse, prepararse y luchar — ahora.

Saludos comunistas,
Jack Barnes
SECRETARIO NACIONAL
POR EL COMITÉ NACIONAL DEL PARTIDO SOCIALISTA
DE LOS TRABAJADORES

GENERALES CUBANOS RELATAN HISTORIA DE FUERZAS ARMADAS REVOLUCIONARIAS

por Argiris Malapanis y Mary-Alice Waters

La siguiente es una reseña del libro *Secretos de Generales* por Luis Báez; Editorial Si-Mar, 1996, La Habana, 546 págs.

LA HABANA—"¿Dónde cumplió su primera misión como internacionalista?" le pregunta el periodista cubano Luis Báez a Ulises Rosales del Toro, general de división y jefe del Estado Mayor General de las Fuerzas Armadas Revolucionarias (FAR) de Cuba.

"En octubre de 1963, en Argelia, como Jefe de Estado Mayor del Grupo Táctico de Combate durante la guerra que realizaba Marruecos en la frontera, con el objetivo de apoderarse, mediante la fuerza, de sectores del territorio argelino", dice el general cubano.

"Argelia había logrado hacía poco tiempo su independencia", explica Rosales del Toro. "Comenzaban a gobernar, las Fuerzas Armadas no estaban cabalmente formadas y se encontraban en desventaja para enfrentarse a Marruecos, que tenía el apoyo de grandes potencias. Ante esa situación el presidente argelino [Ahmed]Ben Bella solicitó ayuda a Cuba".

Pueblo argelino celebra su reciente independencia de Francia en 1962. Voluntarios cubanos respondieron a pedido de ayuda del gobierno revolucionario de Argelia cuándo el régimen marroquí, apoyado por potencias imperialistas, atacó a Argelia en 1963. Ulises Rosales del Toro (arriba), ex jefe del Estado Mayor de las Fuerzas Armadas Revolucionarias de Cuba, fue uno de los revolucionarios cubanos que cumplieron misión en Argelia en esa época. Tenía 21 años de edad entonces. En octubre de 1997 Rosales del Toro fue nombrado jefe del Ministerio del Azúcar. El general Álvaro López Viera fue nombrado jefe del Estado Mayor de las FAR.

"¿Qué experiencias sacó?" inquiere Báez.

"Era [mi] primer viaje al exterior y el contacto inicial con el movimiento revolucionario en otro país", responde Rosales, quien en ese entonces tenía 21 años de edad.

"Argelia en ese momento, era una escuela de revolucionarios africanos. Pude ver allí combatientes africanos preparándose para marchar a pelear por la independencia en sus respectivos países... Además, conocí la pobreza y las dificultades sociales de un pueblo como Argelia, que al igual que nosotros, comenzaba el proceso de construcción de una nueva sociedad.

"También observé a nuestras FAR como unidad de combate, en condiciones de realizar acciones, lejos de la Patria y mantener un alto nivel de disposición y cohesión combativas, lo que resultó una experiencia inolvidable.

Reproducido de *Perspectiva Mundial*, julio de 1997.

"Permanecí en Argelia hasta mayo de 1964", dice Rosales. "La unidad no entró en combate, pero la disposición para hacerlo y ese contacto con una zona de guerra, para mí, fue de gran trascendencia".

Contiene 41 historias

La entrevista con Rosales finaliza el libro *Secretos de Generales*, publicado en Cuba a principios de este año.

La obra se compone de 41 entrevistas con militares de alto rango de las fuerzas armadas de Cuba. Báez es un periodista de larga trayectoria en la agencia noticiosa cubana Prensa Latina.

Como dice Raúl Castro, ministro de las FAR, en el prefacio, *Secretos de Generales* "no es un texto de historia, pero sí es la historia viva. Es una oportunidad de compartir 41 miradas a la epopeya cubana de la segunda mitad de este siglo". Explica que la obra contribuirá a "trasmitir a las nuevas generaciones el tesoro de valores morales y experiencia combativa acumulado".

Son los relatos de 26 generales de brigada, 13 generales de división, un general de cuerpo ejército y un vicealmirante de la marina. Los oficiales explican quiénes son y cómo se unieron al movimiento revolucionario. Cuentan sus experiencias en otras partes del mundo cuándo lucharon hombro con hombro con movimientos de liberación en África, Asia y América Latina.

Muchos, como Rosales, provienen de familias campesinas u obreras. Algunos de ellos aprendieron a leer y escribir solo después del triunfo de la revolución.

Al igual que Rosales, la mayoría participó en la guerra revolucionaria en la Sierra Maestra en el oriente de Cuba. Esta guerra, iniciada por el Movimiento 26 de Julio y el Ejército Rebelde en diciembre de 1956 al mando de Fidel Castro, derrocó la dictadura de Fulgencio Batista apoyada por Washington el 1 de enero de 1959.

De los oficiales entrevistados, 33 pelearon en el Ejército Rebelde y 5 se unieron a las FAR luego del triunfo de la revolución. Los tres restantes habían sido oficiales del ejército cubano que se oponían a la dictadura de Batista y que participaron en intentos de golpes contra la misma.

Las FAR se forjaron con los hombres y mujeres que combatieron en la Sierra Maestra.

Obra atrae mucho interés

Secretos de Generales ha suscitado mucho interés en Cuba. La primera tirada modesta se agotó inmediatamente. *Granma*, el principal diario cubano, el semanario *Juventud Rebelde* y otros periódicos cubanos han publicado varias de las entrevistas que aparecen en *Secretos de Generales*. El semanario *Granma Internacional* sacó una reseña del libro en su número del 26 de marzo. A fines del año pasado, la televisión cubana transmitió una serie de 17 minidocumentales sobre pasajes de la historia de la revolución, basados en narraciones de muchos de los generales que Báez entrevistó.

Igualmente, la obra ha despertado el interés de algunos medios difusores en Estados Unidos, en particular la prensa en español. El *Miami Herald* y *El Nuevo Herald* publicaron en marzo reseñas del libro. Lo mismo hizo el diario *La Opinión* de Los Angeles. Los artículos se centraron en los comentarios que hacen los generales sobre su participación en misiones internacionalistas.

Moncada y Bayamo

El general de brigada Calixto García, de 66 años de edad, participó en el asalto al cuartel Bayamo el 26 de julio de 1953, una de las primeras batallas contra la dictadura de Batista. Se dio al mismo tiempo que el asalto al Moncada —cuartel principal del ejército en Santiago de Cuba— dirigido por Fidel Castro. Los 160 combatientes no lograron tomar el cuartel, siendo capturados y asesinados más de 50. Otros 28 fueron procesados, condenados y encarcelados. En 1955 fueron indultados gracias a una amplia campaña de amnistía.

Sin embargo, con el asalto al Moncada se inició la insurrección contra Batista. De esta acción y la campaña política para liberar a los combatientes prisioneros nació el Movimiento 26 de Julio.

García evitó ser apresado en Bayamo y pudo salir del país. Permaneció en Costa Rica y Honduras casi un año antes de llegar a México, donde se volvió a encontrar con Fidel Castro y otros revolucionarios.

En San José de Costa Rica, dice García, "También entablé amistad con el Che Guevara, al que veía en el Soda Palace, un café que se encontraba en el centro de la ciudad y al que acudíamos en horas de la noche muchos asilados. Pienso que fui el primero que le hablé al Che de Fidel, de Cuba y de nuestro Movimiento 26 de Julio".

Ernesto Che Guevara, argentino de nacimiento, se unió a los rebeldes cubanos en México y llegó a ser uno de los principales líderes de la revolución cubana.

García participó en el desembarco del yate *Granma*, que transportó a Castro, Guevara y a otros combatientes de México al oriente cubano, donde iniciaron la guerra revolucionaria en la Sierra Maestra. Al terminar la guerra, García era comandante del Ejército Rebelde. De 1965 a 1980 fue miembro del Comité Central del Partido Comunista. Hoy está retirado de las FAR.

Rebelión en la prisión de Boniato

Unos de los recuentos más interesantes del libro es indudablemente la historia de la fuga de prisioneros que coincidió con el desembarque del *Granma*. Raúl Menéndez Tomassevich, conocido como Tomás, hoy general de división, hace este relato.

Cuándo era adolescente, Tomás trabajaba como mensajero en la empresa Rubio, una fábrica de alpargatas en Santiago de Cuba. En 1952 cayó preso por "delito común", según lo describe, por "falsificación de documentos oficiales. Falsifiqué la firma del alcalde de Santiago de Cuba, Felipe Fernández Castillo, para extraerle de la cuenta bancaria un montón de pesos".

En la prisión de Boniato, Tomás se solidarizó con una huelga de hambre que hicieron los revolucionarios que habían asaltado el Moncada, muchos de los cuales estuvieron en la misma penitenciaría por un buen tiempo. Por esa razón lo pusieron en la celda de castigo por 50 días. En la cárcel, Tomás conoció y conversó con líderes del Movimiento 26 de Julio, llegando a ser un firme simpatizante. Después de cuatro años de prisión, Tomás organizó una fuga coordinada con huelgas y manifestaciones convocadas por el Movimiento 26 de Julio para coincidir con el desembarque del *Granma*.

Tomás, otros dos prisioneros condenados por delitos comunes y cuatro líderes del Movimiento escaparon "a las siete de la mañana, con el desarme de varios policías, soldados y oficiales". La fuga, agrega Tomás, la autorizó Frank País, dirigente del Movimiento 26 de Julio, el 30 de noviembre de 1956. "Ese mismo día ocurrieron las acciones en Santiago en apoyo al desembarco de Fidel".

Desde entonces Tomás fue miembro activo del movimiento antibatistiano clandestino en Santiago. Una de sus tareas fue la de fabricar granadas. Más adelante se integró a las fuerzas rebeldes en la Sierra Maestra, llegando a obtener el rango de comandante del Ejército Rebelde. En 1961 y 1962, fue Jefe de Lucha Contra Bandidos en la sierra del Escambray. La banda estaba organizada por la CIA, que llevaba a cabo una campaña guerrillera contra la revolución. Más adelante participó en el entrenamiento de combatientes que partieron con Guevara a Bolivia. En 1966 y 1967, Tomás se integró a misiones internacionalistas en la colonia portuguesa de Guinea Bissau y en Venezuela, y luego en Angola.

Menéndez describe con más detalles la historia de la fuga de la prisión de Boniato en la obra *Rebelión en la cárcel*, que escribió conjuntamente con José Gárciga Blanco, teniente coronel de las FAR. El 25 de abril en La Habana se lanzó este libro, publicado por la Editora Política.

Derrota del imperio norteamericano

En otro episodio de *Secretos de Generales*, Delsa Esther Puebla Viltre describe cómo las mujeres jóvenes asumieron responsabilidades de dirección y adquirieron experiencia de combate en la Sierra Maestra, superando las fuertes quejas iniciales de varios comandantes. Puebla, actualmente general de brigada de las FAR, fue la primera mujer en ascender a ese rango dentro de las Fuerzas Armadas Revolucionarias de Cuba.

La lucha revolucionaria contra Batista tuvo resonancia dentro del ejército del dictador y varios oficiales participaron en conspiraciones para lanzar un golpe militar. Unos cuantos se pasaron al lado de la revolución y jugaron un papel importante en la construcción de las Fuerzas Armadas Revolucionarias.

Enrique Carreras Rolas, hoy general de división de las FAR, había sido oficial de las fuerzas aéreas de Batista. Al participar en un complot militar contra el régimen a mediados de 1957, fue encarcelado por la dictadura y permaneció entre rejas hasta el triunfo de la revolución. A principios de 1959, Carreras fue nombrado jefe de la fuerza aérea revolucionaria, que en aquel entonces solo contaba con un puñado de bombarderos y con tres pilotos que tuvieran experiencia de combate. Así inició

FOTOS COURTESIA DE GRANMA

Soldados cubanos en Playa Girón tras derrota de mercenarios organizados por Washington, 19 de abril 1961 (**arriba**), José Ramón Fernández (**centro de foto a la der.**), jefe de operaciones militares en Playa Girón y hoy general de brigada de las FAR, inspecciona armas capturadas de fuerzas mercenarias en Bahía de Cochinos, abril de 1961.

clases de entrenamiento para pilotos nuevos en la Base Aérea de San Antonio de los Baños en la provincia de La Habana. Washington había construido la base durante los años 40 para reabastecer de combustible a sus aviones que volaban entre Estados Unidos y Sudamérica, explica Carreras.

"Puedo decir, sin temor a equivocarme, que la aviación de combate revolucionaria, nació y se crió en la Base Aérea de San Antonio de los Baños", afirma.

El general de división, al igual que la mayoría de los entrevistados, es veterano de la batalla en Playa Girón en 1961. En ese conflicto, las milicias populares y las FAR asestaron una derrota aplastante a los mercenarios organizados por Washington que invadieron Cuba en un intento fallido de derribar el gobierno obrero y campesino. Raúl Castro, en un reciente discurso al conmemorarse el 36 aniversario de esta batalla histórica, describe el resultado como "la primera gran derrota militar de Estados Unidos en el continente".

Durante la invasión mercenaria, apunta Carrera, "la correlación con el enemigo era aproximadamente a su favor 5-1 en el caso de los aviones, y 12-1 en el de los pilotos".

La pequeña y recién entrenada fuerza aérea cubana, que carecía de equipo, jugó un papel decisivo en la derrota de los contrarrevolucionarios. "En menos de setentidós horas, diez pilotos con ocho desvencijados aviones, realizamos setenta misiones", explica Carreras. Entre el 17 de abril y el 19 de abril de 1961, Carreras y los otros pilotos cubanos derribaron nueve bombarderos B-26. "Hundimos dos barcos de transporte de tropas, tres barcazas LCT de transporte de tanques y cinco barcazas de desembarco". Al derribar los aviones enemigos, los cubanos aniquilaron a 14 contrarrevolucionarios, incluyendo a cuatro instructores norteamericanos.

Más adelante, Carreras encabezó una misión de la fuerza aérea cubana a Vietnam durante la guerra de Washington contra el pueblo vietnamita, que también fue una derrota para el imperialismo norteamericano en 1975.

Entrenamiento de tanquistas

El general de división Néstor López Cuba completó en 1959 un curso de entrenamiento sobre tanques en el campamento de Managua, cerca de La Habana, quedando como instructor.

Frente a las crecientes amenazas militares y la presión económica ejercida por Washington, el nuevo gobierno cubano empezó a recibir ayuda del exterior, según lo explica López Cuba en *Secretos*. "En octubre de 1960 empezó a arribar la técnica soviética", le dice a Báez. "Decían que era de Checoslovaquia, pero eran tanques rusos T-34 y SAU-100.

"El comandante Guillermo García me planteó que escogiera las mejores dotaciones de los dos cursos de tanques americanos que se habían efectuado y organizara el primero de tanques soviéticos. Seleccioné veinticinco dotaciones... Ese período de trabajo fue muy intenso. Lo que aprendíamos en la mañana, con los instructores soviéticos, lo teníamos que enseñar en la medida de nuestras posibilidades al resto de los compañeros por la tarde...

"En el mes de febrero [de 1961] realizamos el tiro de combate en Guanito, Pinar del Río. Con esto finalizó el primer curso de tanques soviéticos".

Los nuevos tanquistas, encabezados por López Cuba y otros oficiales de las FAR, fueron elementos esenciales en aplastar a los mercenarios invasores en Playa Girón.

Otro oficial que describe los acontecimientos antes y durante la acción de Playa Girón es el general de brigada José Ramón Fernández Álvarez, hoy Jefe Militar del Consejo de Ministros de Cuba.

Fernández fue arrestado después de participar en una revuelta el 4 de abril de 1956 organizada por un grupo de militares de Batista que se denominaban Los Puros. "El que tenía del grupo un programa más radical, era yo", relata Fernández. "Consideraba que había que juzgar a Batista y ejecutarlo como gran culpable de miles de muertos. Planteaba que había que hacer una Reforma Agraria, depurar las Fuerzas Armadas, hacer cumplir la Constitución de 1940 y confiscarle los bienes a los ladrones del erario público. Hasta ahí llegaba yo".

La gran mayoría que compartían prisión con Fernández en la notoria cárcel de Isla de Pinos eran miembros del Movimiento 26 de Julio; éstos le produjeron un gran impacto. Fernández se unió al movimiento revolucionario al caer Batista y fue jefe militar de operaciones en Playa Girón.

Fernández relata que partió para Playa Girón con gran entusiasmo. A pesar de que se había rebelado contra Batista, le dice a Báez, "no había tenido la oportunidad —que sí la tuvieron diariamente los compañeros que pelearon en la Sierra y el llano— de poner en juego nuestra vida, para demostrar la justeza de las ideas que profesábamos.

"Girón significó participar con mis propias manos en la defensa de la revolución y del socialismo".

Misiones internacionalistas

El General del Cuerpo Ejército Abelardo Colomé Ibarra, a quien sus compañeros llaman Furry, participó en la lucha clandestina contra la dictadura batistiana en Santiago de Cuba y se unió al Ejército Rebelde en 1957 cuándo tenía 17 años. Como muchos otros, proviene de familia obrera. Su madre fue obrera en una fábrica de galletas y su padre cocinero. Actualmente él es miembro del Buró Político del Partido Comunista y ministro del interior.

En 1962, Colomé partió de Cuba en una misión internacionalista a Argentina y Bolivia que duró dos años. El objetivo: "Preparar las condiciones para un alzamiento guerrillero en Argentina que estaría encabezado por el periodista Jorge Ricardo Masetti, quien había hecho una buena afinidad con su compatriota Ernesto Che Guevara", dice Colomé.

"En esos momentos tenía veintidós años. A pesar de mi juventud, me asignaron una tremenda responsabilidad. Tuve que dar varios viajes para estudiar y preparar el terreno".

Masetti había ido a la Sierra Maestra cubana en enero de 1958 y se había unido al movimiento revolucionario. Después del triunfo, fue director de Prensa Latina, agencia de prensa lanzada por el nuevo gobierno revolucionario en La Habana.

Masetti fue asesinado en 1964 al dirigir un núcleo guerrillero que él había ayudado a formar en las montañas de Salta, en el norte de Argentina. Al caer Masetti, Colomé regresó a Cuba. Once años más tarde, salió para Angola como jefe de la misión militar cubana.

Otro de los entrevistados, el General de Brigada Harry Villegas Tamayo, conocido por su nombre de guerra Pombo, hace un recuento de la etapa más importante de su vida, que fueron los 10 años que combatió al lado de Che Guevara, desde la Sierra Maestra hasta las misiones internacionalistas del Congo y Bolivia.

Villegas estuvo en el Congo en 1965. "Permanecimos varios meses en territorio congoleño", dice, "pero debido a los planteamientos de la Organización de Estados Africanos de prestar solamente colaboración a aquellos movimientos que luchaban contra la colonia, tuvimos que marcharnos.

"El Che exigió que se le diera por escrito la solicitud de retirada de nuestras fuerzas, para dejar bien esclarecido ante la historia el papel desempeñado por Cuba en la prestación de ayuda internacionalista al pueblo congoleño".

En Bolivia Guevara dirigió un frente guerrillero con el objetivo de construir un movimiento revolucionario de obreros y campesinos capaces de tomar el poder y conducir a revoluciones socialistas en Sudamérica. Che fue capturado el 8 de octubre de 1967 y asesinado a sangre fría el día siguiente por oficiales del ejército boliviano, previa consulta con Washington.

A la muerte de Che, Pombo comandó a los seis combatientes que rompieron el cerco tendido por el ejército boliviano con ayuda de Washington. El ofrece un relato más detallado de la guerrilla boliviana en *Pombo: un hombre de la guerrilla del Che*. Pathfinder Press acaba de publicar la edición en inglés de este libro.

Muchos de los generales narran misiones internacionalistas de las cuales hasta ahora se habían escrito poco o casi nada.

En Siria y Nicaragua

Néstor López Cuba describe, por ejemplo, la misión internacionalista cubana en Siria entre 1973 y 1975. Los gobiernos sirio y egipcio libraron una breve batalla contra Israel en un intento de recuperar la soberanía de los territorios ocupados por Tel Aviv. El régimen sionista había tomado estos territorios como parte de su campaña de despojo del pueblo palestino.

En Siria el general López Cuba encabezó un batallón de tanques que más adelante llegó a ser regimiento. A pesar de que los cubanos no participaron directamente en combates para recuperar los territorios del Golán, observa López Cuba, "Mantuvimos una unidad casi un año en el frente. Era un pelotón de tanques. Se produjeron algunos duelos de artillería. Nos averiaron dos tanques. Vivíamos en un hueco, en una chabola, en condiciones de campaña. En febrero de 1975 regresamos a Cuba. Me habían ascendido a Comandante". A los diez meses partió para Angola.

López Cuba también se desempeñó como jefe de la misión militar cubana en Nicaragua. "Es la tarea más compleja, difícil, peligrosa, y riesgosa que he tenido", afirma el general.

Después de la revolución nicaragüense en julio de 1979 que derrocó a la dictadura de Anastasio Somoza, el gobierno norteamericano organizó y financió un ejército contrarrevolucionario que peleó contra el gobierno encabezado por el Frente Sandinista de Liberación Nacional. Los contras fueron derrotados militarmente en 1987.

"En Nicaragua se produce un fenómeno, y es que allí había una guerra irregular, de esas que uno no sabía nunca con precisión dónde estaba el enemigo", recuenta López. "Teníamos centros de instrucción regados por toda la zona de guerra y nuestra política era de que a esa gente había que visitarlos y apoyarlos permanentemente.

"Viajábamos en tres o cuatro vehículos por caminos donde había emboscadas, terrenos minados. A veces volábamos en helicópteros a baja altura, por arriba de las copas de los árboles, entre montañas enormes o en una avioneta AN-2. En una ocasión perforaron el helicóptero de escolta. Nos estábamos jugando la vida diariamente".

El asesoramiento del ejército nicaragüense "fue otra tarea compleja y de mucho contenido político", le dice López Cuba a Báez. "Es mucho más fácil combatir que asesorar".

Los propios cubanos habían pasado por "la experiencia del asesoramiento soviético", explica López Cuba. "Nosotros no podíamos imponer criterios. Había que ser muy cuidadosos, muy consecuentes, puesto que uno tenía preparación militar superior, pero no podía desconocer su experiencia guerrillera... Sin duda de ningún tipo, puedo decir que esos tres años y tres meses que permanecí en Nicaragua, fueron la misión más compleja en lo político y más difícil y riesgosa, en lo militar, que he tenido".

Derrota del imperialismo en Angola

Muchos de los generales también relatan sus experiencias en Angola.

"En Angola hicimos un aporte importante a la lucha contra el apartheid y la liberación de Namibia", señala Ulises del Toro. "La sangre derramada le imprimió un sello que identifica hoy a la Revolución Cubana con los pueblos africanos y que algún día la historia recogerá esta hazaña con toda nitidez".

Cientos de miles de cubanos participaron en misiones internacionalistas en ese país desde mediados de los 70 hasta fines de los 80. Las tropas voluntarias cubanas contribuyeron a la derrota de las múltiples invasiones a Angola por las tropas del régimen sudafricano. Las tropas del apartheid, junto con los esfuerzos contrarrevolucionarios de Washington, pretendían impedir que el pueblo angolano consolidara su lucha independentista contra Portugal.

El ejército del apartheid sufrió una derrota contundente en marzo de 1988 frente a las fuerzas combinadas de voluntarios cubanos, del ejército angolano y de los combatientes de SWAPO (Organización del Pueblo de África Sudoccidental), en la batalla de Cuito Cuanavale.

Un ejército 'incontrolable'

La victoria en Cuito Cuanavale abrió el camino para la independencia de Namibia. Este triunfo destruyó para siempre el mito de invencibilidad del régimen supremacista blanco y dio un nuevo impulso a la lucha contra el apartheid en Sudáfrica, cuyo pueblo triunfó media década más tarde.

El General de División Leopoldo Cintra Frías permaneció un total de nueve años en Angola entre 1975 y 1989. Al preguntársele sobre la preparación del ejército sudafricano, él responde, "Hay tres ejércitos incontrolables: sudafricanos, israelíes y cubanos. Los tres con diferentes ideologías. Los soviéticos jamás nos pudieron controlar a pesar de que lo intentaron en más de una ocasión".

"La guerra en Angola nos fortaleció política e ideológicamente", afirma Cintra Frías. "Para este período especial ha sido decisivo".

Los cubanos llamaron período especial las actuales condiciones económicas en extremo difíciles, que han enfrentado desde que se terminó bruscamente la ayuda y el comercio favorable con los países del bloque soviético a comienzos de 1990, y desde el recrudecimiento del bloqueo económico norteamericano.

"Fueron tres cientos mil cubanos los que pasaron por esas tierras [angolanas]. Nos revitalizó como en 1959", expresa Cintra Frías.

2ª PARTE

'VEO AL CHE Y A SUS HOMBRES COMO UN REFUERZO, COMO UN DESTACAMENTO DE COMBATIENTES INVENCIBLES'

por Fidel Castro

El siguiente discurso fue pronunciado por el presidente cubano Fidel Castro en la ciudad de Santa Clara, provincia de Villa Clara, el 17 de octubre de 1997. Castro habló en la principal ceremonia por el 30 aniversario de la caída en combate de Che Guevara, durante la cual se enterraron sus restos y los de otros seis combatientes de Bolivia, Cuba y Perú que habían formado parte de la guerrilla de Che en Bolivia. El discurso se publicó en la edición del 18 de octubre del diario cubano *Granma*. Los subtítulos y las notas son del *Militant*.

Familiares de los compañeros caídos en combate; invitados; villaclareños; compatriotas: [*Aplausos*]

Con emoción profunda vivimos uno de esos instantes que no suelen repetirse.

No venimos a despedir al Che y sus heroicos compañeros. Venimos a recibirlos.

Veo al Che y a sus hombres como un refuerzo, como un destacamento de combatientes invencibles, que esta vez incluye no solo cubanos sino también latinoamericanos que llegan a luchar junto a nosotros y a escribir nuevas páginas de historia y de gloria.

GRANMA/ARNALDO SANTOS

"No venimos a despedir al Che y sus heroicos compañeros", declaró Fidel Castro a una multitud en Santa Clara. "Venimos a recibirlos."

Veo además al Che como un gigante moral que crece cada día, cuya imagen, cuya fuerza, cuya influencia se han multiplicado por toda la tierra.

¿Cómo podría caber bajo una lápida?

¿Cómo podría caber en esta plaza?

¿Cómo podría caber únicamente en nuestra querida pero pequeña isla?

Solo en el mundo con el cual soñó, para el cual vivió y por el cual luchó hay espacio suficiente para él.

Más grande será su figura cuanta más injusticia, más explotación, más desigualdad, más desempleo, más pobreza, hambre y miseria imperen en la sociedad humana.

Más se elevarán los valores que defendió cuanto más crezca el poder del imperialismo, el hegemonismo, la dominación y el intervencionismo, en detrimento de los derechos más sagrados de los pueblos, especialmente los pueblos débiles, atrasados y pobres que durante siglos fueron colonias de Occidente y fuentes de trabajo esclavo.

Más resaltará su profundo sentido humanista cuantos más abusos, más egoísmo, más enajenación; más discriminación de indios, minorías étnicas, mujeres, inmigrantes; cuantos más niños sean objeto de comercio sexual u obligados a trabajar en cifras que ascienden a cientos de millones, cuanta más ignorancia, más insalubridad, más inseguridad, más desamparo.

Publicado en inglés en el *Militant*, vol. 61, no. 39, 10 de noviembre de 1997.

Más descollará su ejemplo de hombre puro, revolucionario y consecuente mientras más políticos corrompidos, demagogos e hipócritas existan en cualquier parte.

Más se admirará su valentía personal o integridad revolucionaria mientras más cobardes, oportunistas y traidores pueda haber sobre la tierra; más su voluntad de acero mientras más débiles sean otros para cumplir el deber; más su sentido del honor y la dignidad mientras más personas carezcan de un mínimo de pundonor humano; más su fe en el hombre mientras más escépticos; más su optimismo mientras más pesimistas; más su audacia mientras más vacilantes; más su austeridad, su espíritu de estudio y de trabajo, mientras más holgazanes despilfarren en lujos y ocios el producto del trabajo de los demás.

Forjador de hombres como él

Che fue un verdadero comunista y hoy es ejemplo y paradigma de revolucionario y de comunista.

Che fue maestro y forjador de hombres como él. Consecuente con sus actos, nunca dejó de hacer lo que predicaba, ni de exigirse a sí mismo más de lo que exigía a los demás.

Siempre que fue necesario un voluntario para una misión difícil, se ofrecía el primero, tanto en la guerra como en la paz. Sus grandes sueños los supeditó siempre a la disposición de entregar generosamente la vida. Nada para él era imposible, y lo imposible era capaz de hacerlo posible.

La invasión desde la Sierra Maestra a través de inmensos y desprotegidos llanos, y la toma de la ciudad de Santa Clara con unos pocos hombres, dan testimonio entre otras acciones de las proezas de que era capaz.[1]

Sus ideas acerca de la revolución en su tierra de origen y en el resto de Suramérica, pese a enormes dificultades, eran posibles. De haberlas alcanzado, tal vez el mundo de hoy habría sido diferente. Vietnam demostró que podía lucharse contra las fuerzas intervencionistas del imperialismo y vencerlas. Los sandinistas vencieron contra uno de los más poderosos títeres de Estados Unidos. Los revolucionarios salvadoreños estuvieron a punto de alcanzar la victoria. En África el apartheid, a pesar de que poseía armas nucleares, fue derrotado. China, gracias a la lucha heroica de sus obreros y campesinos, es hoy uno de los países con más perspectivas en el mundo. Hong Kong tuvo que ser devuelto después de 150 años de ocupación, que se llevó a cabo para imponer a un inmenso país el comercio de drogas.

Un combatiente puede morir, pero no sus ideas

No todas las épocas ni todas las circunstancias requieren de los mismos métodos y las mismas tácticas. Pero nada podrá detener el curso de la historia; sus leyes objetivas tienen perenne validez. El Che se apoyó en esas leyes y tuvo una fe absoluta en el hombre. Muchas veces los grandes transformadores y revolucionarios de la humanidad no tuvieron el privilegio de ver realizados sus sueños tan pronto como lo esperaban o lo deseaban, pero más tarde o más temprano triunfaron.

Un combatiente puede morir, pero no sus ideas. ¿Qué hacía un hombre del gobierno de Estados Unidos allí donde estaba herido y prisionero el Che? ¿Por qué creyeron que matándolo dejaba de existir como combatiente? Ahora no está en La Higuera,[2] pero está en todas partes, dondequiera que haya una causa justa que defender. Los interesados en eliminarlo y desaparecerlo no eran capaces de comprender que su huella imborrable estaba ya en la historia y su mirada luminosa de profeta se convertiría en un símbolo para todos los pobres de este mundo, que son miles de millones. Jóvenes, niños, ancianos, hombres y mujeres que supieron de él, las personas honestas de toda la tierra, independientemente de su origen social, lo admiran.

Che está librando y ganando más batallas que nunca.

¡Gracias, Che, por tu historia, tu vida y tu ejemplo!

¡Gracias por venir a reforzarnos en esta difícil lucha que estamos librando hoy para salvar las ideas por las cuales tanto luchaste, para salvar la revolución, la patria y las conquistas del socialismo, que es parte realizada de los grandes sueños que albergaste! [*Aplausos*]

Para llevar a cabo esta enorme proeza, para derrotar los planes imperialistas contra Cuba, para resistir el bloqueo, para alcanzar la victoria, contamos contigo. [*Aplausos*]

Como ves, esta tierra que es tu tierra, este pueblo que es tu pueblo, esta revolución que es tu revolución, siguen enarbolando con honor y orgullo las banderas del socialismo. [*Aplausos*]

¡Bienvenidos, compañeros heroicos del destacamento de refuerzo! ¡Las trincheras de ideas y de justicia que ustedes defenderán junto a nuestro pueblo, el enemigo no podrá conquistarlas jamás! ¡Y juntos seguiremos luchando por un mundo mejor!

¡Hasta la victoria siempre!

[*Ovación*]

---

1. Guevara estuvo al mando de las fuerzas que liberaron a Santa Clara el 1 de enero de 1959, en la última batalla de importancia de la guerra revolucionaria que derrocó a la dictadura de Batista apoyada por Washington.

2. La Higuera es el pueblo donde el ejército boliviano ejecutó a Guevara.

'CHE SIGUE PROVOCANDO EL TEMOR DE LOS OPRESORES'

por Ricardo Alarcón

El siguiente discurso fue pronunciado en la apertura del simposio "Che: hombre del siglo XXI", celebrado del 1 al 4 de octubre en la Universidad de La Habana y patrocinado por la Cátedra Ernesto Che Guevara de la universidad, así como por el Archivo Personal de Che Guevara dirigido por Aleida March Guevara. Ricardo Alarcón es presidente de la Asamblea Nacional de Cuba y miembro del Buró Político del Partido Comunista de Cuba. Reproducido con autorización. Los subtítulos y las notas son de *Perspectiva Mundial*.

El Che sigue combatiendo, y constituye una amenaza real que provoca el temor de los opresores. Lo prueba la copiosa literatura que trata de tergiversar su vida, falsificar su pensamiento y mellar el filo acerado de su imagen.

OFICINA DE ASUNTOS HISTORICOS DEL CONSEJO DE ESTADO

Guevara (con boina) participa en trabajo voluntario en Cuba durante los primeros años de la revolución. 'Cuándo algunos se doblegan o vacilan, tenemos que reproducir en la conducta de la vanguardia y extender a la sociedad su ejemplo intachable. Tenemos que cultivar la solidaridad como norma de vida cotidiana", dijo Alarcón.

Un libro recién publicado muestra detalladamente como la CIA, el FBI y otras agencias imperialistas seguían paso a paso la vía del Che, aún antes del desembarco del *Granma*[1] y cómo se ocuparon también de distorsionarla a través de una prensa que se disfraza de libre. Algún día serán publicados otros documentos que mostrarán la continua y sistemática persecución que le hace el imperialismo, desde La Higuera[2] hasta hoy, y la que seguramente le seguirá haciendo en el futuro.

En el libro aludido, [el abogado norteamericano] Michael Ratner nos revela un dato que demuestra cómo el Che vive verdaderamente y no solo en los corazones de los jóvenes y en los puños de los explotados: en 1988 la región boliviana donde él combatió era considerada todavía por las autoridades como zona de seguridad. Más de veinte años después, una nueva generación de militares parecía vigilante aún ante los desplazamientos guerrilleros por los alrededores del río Ñacahuazú.

¿Cómo asumir el Che hoy? ¿Cuál es su legado para el siglo que ahora comienza? Nos preguntamos los revolucionarios, quienes luchamos por transformar el mundo y creemos en el mejoramiento humano.

Cuándo lo hacemos su imagen y su recuerdo se multiplican por el mundo, su rostro aparece en los pechos de jóvenes que no lo conocieron, lo levantan en sus protestas masas desposeídas que no pudieron leer sus textos fundamentales, deviene

Reproducido de *Perspectiva Mundial*, diciembre de 1997.

cada vez más en símbolo que anima la rebeldía y da vía a la esperanza, alcanza la dimensión de la leyenda.

Coloquios como éste pueden contribuir a la necesaria búsqueda colectiva que irá encontrando las respuestas indispensables —y sobre todo no podría ser de otro modo siendo Ernesto Guevara el centro de nuestra atención— para convertirlas en acciones concretas.

Además de su enorme contribución como combatiente y jefe guerrillero y desde importantes responsabilidades en el gobierno revolucionario, el Che nos dejó una obra intelectual de sorprendente anchura y profundidad especialmente si tomamos en cuenta que fue producida en pocos años por un joven dirigente comprometido a fondo con el torbellino de los acontecimientos en el período más intenso de nuestra vida como pueblo. En ensayos, artículos, cartas, discursos, conferencias y otras intervenciones públicas, Ernesto Guevara abordó los problemas que afrontaba entonces la revolución y dio un aporte inestimable a la lucha política concreta y a la formación de la conciencia revolucionaria de los cubanos. Todas las amenazas y las conjuras agresivas del imperialismo en aquella etapa fueron objeto de su análisis incisivo y su denuncia esclarecedora.

Pero si estuvo atento a los peligros que acechaban desde el exterior supo también dedicar su pensamiento a las cuestiones específicas de la construcción económica y la actividad sindical, a la formación del partido y sus métodos y estilo de trabajo y a la misión especial que corresponde a las organizaciones juveniles, entre otros temas importantes. Para los obreros, para los estudiantes y los jóvenes, para los cuadros políticos y administrativos dejó un valioso caudal de reflexiones que conservan hoy plena vigencia si dejamos a un lado, como es obvio, sus aspectos coyunturales.

Sorprende que en el fragor de aquellos años encontrara tiempo para escribir sobre su experiencia guerrillera en Cuba, dejando a las generaciones posteriores un precioso testimonio que enriquece nuestra memoria histórica. Pero lo que asombrará a otros era para él algo natural y necesario. Preservar aquellas vivencias era indispensable para el propósito, que llevó a cabo con riguroso empeño, de sintetizar la experiencia de la insurrección cubana y elaborar su teoría sobre la guerra de guerrillas. Allí en el desarrollo concreto de la lucha armada, cuándo todo dependía de cada combatiente individualizado y de su disposición a entregar la vida, descubrió los gérmenes del hombre nuevo.

Su labor intelectual tendría un carácter internacionalista que prefigura desde el primer texto sus futuras acciones en el Congo y Bolivia. En diversos foros internacionales desenmascaró la inicua explotación imperialista y supo articular de modo coherente una teoría para la liberación del Tercer Mundo donde no faltó la justa crítica socialista de los que no practicaban la solidaridad como una obligación.

Desentrañó sucesos de Europa oriental

Es en su examen de los problemas de la construcción del socialismo, reflejado en memorable polémica y en otros trabajos fundamentales, donde alcanza su pensamiento mayor hondura y llegó a anticipar el futuro. ¿Quién pudo imaginar a comienzos de los años 60 que del socialismo europeo resurgiría un capitalismo brutal? ¿Quién fue capaz de desentrañar la raíz del mal y exponerla además con honradez y coraje?

En el combate que el imperialismo no deja de librar contra el Che encontramos la prueba máxima de su supervivencia y de la victoria de su mensaje. Se nos quiere presentar a Ernesto Guevara como símbolo de una etapa superada, como algo del pasado. En la euforia que siguió el derrumbe de la Unión Soviética la academia imperialista —que ha sumado a otros, porque el fenómeno de la clonación existía en el plano de la ideología mucho antes de su descubrimiento en los laboratorios— ha querido hacer creer que el fracaso de aquel modelo significaba la muerte del ideal socialista y que detendría para siempre el movimiento de los trabajadores para conquistarlo.

El Che, sin dudas, comparte nuestra amargura ante el grave revés que aquel hecho ha acarreado para pueblos que hoy sufren en carne propia la experiencia del capitalismo real y aprecia sus negativas consecuencias para la revolución cubana y para la liberación del Tercer Mundo.

Su pena además es más profunda, semejante a la del sabio que previó lo que inevitablemente habría de ocurrir, a la del Mesías que anunció el desastre y alumbró el camino que pudo haberlo evitado. Él, que ya había advertido lo difícil que sería "vencer al capitalismo con sus propios fetiches" dejaría esta definición fundamental: "no puede existir socialismo si en las conciencias no se opera un cambio que provoque una nueva actitud fraternal frente a la humanidad, tanto de índole individual, en la sociedad en que se construye o está construido el socialismo, como de índole mundial en relación a todos los pueblos que sufren la opresión imperialista".

Más honda y auténtica es su pesadumbre, porque él, que supo elucidar teóricamente el problema, fue capaz de predicar con el ejemplo tanto "en la sociedad en que se construye", con su austeridad, con su total consagración al quehacer revolucionario, con su incorporación real, sencilla y callada al trabajo voluntario, como "en relación a todos los pueblos que sufren la opresión imperialista", tal como probaría, del modo más elocuente, pocos meses después.

Pero antes de reemprender su ruta guerrillera precisaría su preocupación ante los desafíos del socialismo naciente en una de sus obras más divulgadas: "Se corre el peligro de que los árboles impidan ver el bosque. Persiguiendo la quimera de realizar el socialismo con la ayuda de las armas melladas que nos legara el capitalismo (la mercancía como célula económica, la rentabilidad, el interés material individual como palanca, etcétera), se puede llegar a un callejón sin salida. Y se arriba allí tras de recorrer una larga distancia en la que los caminos se entrecruzan muchas veces y donde es difícil percibir el momento en que se equivocó la ruta. Entre tanto, la base económica adaptada ha hecho su trabajo de zapa sobre el desarrollo de la conciencia. Para construir el comunismo simultáneamente con la base material hay que hacer al hombre nuevo"[3].

Su pensamiento creador y verdaderamente marxista le permitió vislumbrar el destino de aquella experiencia y descubrir el origen de su fracaso cuándo los propios teóricos del anticomunismo la consideraban inmutable y el dogmatismo predominante en la izquierda nublaba el criterio.

No era, por cierto, el hombre nuevo quien había sido derrotado sino la "quimera de realizar el socialismo" sin contar con él.

Tampoco había triunfado el capitalismo a escala planetaria sobre las fuerzas del socialismo y la liberación nacional. Obtuvo, sí, una victoria transitoria ante la falta de un accionar consecuente y unido de esas fuerzas que fueron incapaces de aprovechar un balance internacional que les era favorable; faltó, en resumen, la multiplicación del ejemplo heroico del Che y la aplicación de sus ideas por el conjunto del movimiento revolucionario.

Acontecimientos vindican a Che

Los dramáticos acontecimientos de los años recientes no son la derrota del Che sino su vindicación. Por eso el Che vive, por eso se agiganta, se reproduce y avanza, por eso crece el temor de los enemigos.

Su concepto humanista, renovador, ético, del socialismo nutrió el proceso revolucionario cubano y ha estado presente a lo largo de él, compitiendo, desde luego, con manifestaciones tropicales del "socialismo real" y en medio de la confrontación más abarcadora que ha tenido siempre con el imperialismo. Incluso en momentos en que concepciones erróneas y tendencias negativas predominaron en la dirección y gestión de la economía, el legado del Che pervivió entre nosotros, se mantuvo incólume en la política exterior y alcanzó niveles extraordinarios que propagaron su ejemplo a escala de masas.

El proceso de rectificación de errores y tendencias negativas convocado por Fidel Castro en 1986 reanimó el espíritu revolucionario, dio nuevo impulso a la participación popular, confirmó la justeza de las ideas y las enseñanzas de Ernesto Guevara.

Antes que se hiciera visible el curso hacia la bancarrota del socialismo real, los revolucionarios cubanos, inspirados por el Che, profundizábamos la lucha contra sus causas, atacábamos la raíz del mal.

La autenticidad de la revolución cubana, fruto exclusivo de nuestra propia historia, resultado de las luchas y sacrificios de los cubanos, su carácter genuinamente independiente y la sabia, consecuente y firme conducción de su máximo dirigente, explican porque aquellos elementos nocivos no llegaron a adquirir la dimensión incontrolable que condujo a la disolución de la experiencia europea.

La revolución cubana no sucumbió como anunciaron, hace ya varios años, los corifeos y alcahuetes del imperio. Supo resistir las terribles consecuencias que para Cuba significó la súbita desaparición de sus mercados, la pérdida total de créditos y financiamiento externo, la drástica reducción de suministros petroleros y de materias primas y otros insumos vitales. Supo hacerlo y comenzar incluso a recuperarse económicamente pese a que al golpe sufrido por la disolución de la URSS se ha sumado la intensificación y ampliación de la guerra económica que nos impone Washington.

¿Qué significa hoy el Che para Cuba y los cubanos? ¿Cómo incorporarlo a la realidad presente y a nuestras perspectivas y aspiraciones? ¿Qué misión le corresponde a él, hijo de nuestro pueblo y uno de sus más preclaros dirigentes, en la etapa compleja, difícil y decisiva que ahora transitamos? ¿Qué hacer con su pasión revolucionaria, su militancia irreductible, su pensamiento creador?

Afirmemos lo obvio. Está con nosotros aquí y ahora peleando encarnizadamente por salvar su obra y sus sueños de constructor.

Ideas de Che son necesarias hoy

En las peculiares circunstancias de este período, cuándo para salvar nuestro socialismo, el único socialismo posible en Cuba hoy, nos hemos visto obligados a hacer concesiones, hemos tenido que introducir en nuestra sociedad factores indeseados, ajenos a sus valores, el Che nos es más necesario que nunca. Porque los cambios inevitables en nuestra sociedad y la arreciada ofensiva imperialista introducen nuevos ingredientes, a veces más sutiles y sinuosos, en la lucha ideológica, el pensamiento del Che nos resulta imprescindible. Debemos asumir su ideario y convertirlo en guía indispensable de los trabajadores, los estudiantes, el profesorado y todo el pueblo. Cuándo el veneno del egoísmo individualista nos amenaza desde adentro, cuándo algunos se doblegan o vacilan, tenemos que reproducir en la conducta de la vanguardia y extenderlo a la sociedad su ejemplo intachable.

Tenemos que cultivar la solidaridad como norma de vida cotidiana.

Con la intervención sistemática de los colectivos obreros y sus sindicatos es imperioso realizar el máximo esfuerzo en la recuperación económica, ahorrar recursos, incrementar la productividad y la eficiencia, especialmente en el sector estatal, combatir la indisciplina y fortalecer la cohesión y la unión entre todos los revolucionarios y patriotas.

Robustecer el papel del Partido, perfeccionar nuestro sistema democrático y la labor de las organizaciones de masas y del conjunto de nuestra sociedad civil socialista, desarrollar consecuentemente la participación y el control popular. Más socialismo, en el plano político-ideológico, socialismo heroico, creador y cubano es a lo que nos convoca en esta hora de prueba el guerrillero invencible.

Seremos como el Che, proclaman nuestros niños. Esta no es solo una hermosa frase. Ella cifra una estrategia y una esperanza. La patria se salvará; la revolución vencerá, nuestro socialismo perdurará y será mejor y más verdadero si somos capaces, como pueblo, de ser como él, de luchar y vivir como él.

Hace 35 años, "en los días luminosos y tristes de la crisis de octubre"[4] cuándo sobre Cuba se cernía la amenaza del exterminio total Ernesto Guevara nos dejó este mensaje que vale para hoy y para siempre:

"Desde aquí, desde su trinchera solitaria de vanguardia, nuestro pueblo hace oír su voz. No es el canto del cisne de una revolución en derrota, es un himno revolucionario destinado a eternizarse en los labios de los combatientes de América. Tiene resonancias de historia".[5]

Desde aquí, desde su trinchera inexpugnable, digámosle otra vez:

¡*Hasta la victoria siempre*!
¡*Socialismo o Muerte*!
¡*Patria o Muerte*!

---

1. A fines de 1956, Fidel Castro, Che Guevara y otros 80 miembros del Movimiento 26 de Julio partieron de México y llegaron a Cuba a bordo del yate *Granma* para iniciar la guerra revolucionaria contra la dictadura de Batista.

2. La Higuera es la aldea boliviana donde Guevara fue asesinado.

3. Ver *El socialismo y el hombre en Cuba,* publicado por Pathfinder Press.

4. Ver carta de despedida de Che Guevara a Fidel Castro, en *Ernesto Che Guevara: escritos y discursos,* tomo 9 (La Habana: Editorial de Ciencias Sociales, 1985), pág. 394.

Ante la escalada de preparativos de Washington en los primeros meses de 1962 para una nueva invasión a Cuba, el gobierno revolucionario cubano suscribió con la Unión Soviética un acuerdo de defensa mutua. En octubre de 1962, el presidente John Kennedy exigió el retiro de los misiles nucleares soviéticos instalados poco después de la firma del pacto. Washington impuso un bloqueo naval contra Cuba, aceleró sus planes de invasión y puso en estado de alerta nuclear a sus fuerzas militares. Millones de obreros y campesinos cubanos se movilizaron para defender su revolución. Luego de un intercambio de comunicaciones entre Washington y Moscú, el primer ministro soviético Nikita Jruschov anunció el 28 de octubre, sin consultar con el gobierno cubano, su decisión de retirar los misiles.

5. Ver "Táctica y estrategia de la revolución latinoamericana", en *Ernesto Che Guevara: escritos y discursos,* tomo 9, pág. 240.

EL OBJETIVO CENTRAL DEL SOCIALISMO ES LA CREACIÓN DEL HOMBRE NUEVO

Entrevista con Orlando Borrego

por Ariel Terrero

La siguiente entrevista con Orlando Borrego apareció en el número 10 de 1997 de la edición internacional de la revista cubana *Bohemia*, bajo el título "El sueño y la profecía". Borrego colaboró estrechamente con Ernesto Che Guevara en el Ministerio de Industrias cubano, que Guevara encabezó a principios de los años 60, y fue ministro del azúcar. Reproducido con autorización. Las notas son del *Militant*.

Aunque ha conquistado un doctorado en economía, Orlando Borrego siempre será, en espíritu, el contador cascarrabias que un día Ernesto Che Guevara llamó a trabajar junto a él. Antes de dar luz verde a la entrevista, hace una rápida auditoría del cuestionario, con suspicacia confesa y celo fiscal. Luego, por suerte, toma confianza y habla con locuacidad.

PRENSA LATINA

Arriba: Guevara visita fábrica en la provincia de Pinar del Río, 1962. **De izq. a der.**: dirigente local del partido, Che Guevara, el capitán del ejército Pablo Rivalta, Orlando Borrego y Aleida March, esposa de Guevara. "No hubo utopías en el Che", dijo Borrego (**der.**).

MILITANT/MARTÍN KOPPEL

Tenía 21 años cuándo el Che lo colocó al frente de la Junta Económico-Militar de la fortaleza de La Cabaña, al caer esa plaza habanera en manos del Ejército Rebelde. Después fue uno de los primeros hombres que el mítico argentino llevó consigo al Departamento de Industrialización del INRA [Instituto Nacional de Reforma Agraria]. Seis años muy cerca del Che desde que se sumó a su columna guerrillera en el Escambray en 1958.

"Siempre digo que equivalieron a diez o doce años porque fue un trabajo muy intenso, muy duro, con jornadas hasta las dos o las tres de la madrugada", dice el actual asesor del Ministro del Transporte y de la cadena hotelera Horizontes.

Luego fue, sucesivamente, vicetitular primero de industria y ministro de la rama azucarera. Pero aún en esta última etapa seguía subordinado al Che. "Era mi jefe; yo lo consultaba todo con él." Y sospecho que nunca ha dejado de hacerlo.

De tan estrecha relación, Borrego atesora experiencias, reflexiones muy personales y documentos, algunos inéditos, donde el Che barrunta, por ejemplo, la debacle del socialismo europeo con 25 años de antelación.

PREGUNTA: En su opinión, ¿cuáles son los rasgos del Che que estaban más a tono con su labor

Publicado en inglés en el *Militant*, vol. 61, no. 37, 27 de octubre de 1997.

como Ministro de Industria?

RESPUESTA: El Che carecía de experiencia como estadista en esa época, pero tenía a su favor varias cosas. Era un hombre dotado de una inteligencia muy desarrollada y una cultura amplísima. También lo favorecía su vocación para la actividad industrial. Desde la Sierra Maestra, tan pronto recibió el mando de una columna guerrillera, organizó una serie de actividades de producción: panaderías, fábricas de calzado, reparación de armas... Cuándo llegó a La Cabaña hizo lo mismo.

Tenía, además, una férrea disciplina, una dedicación y voluntad excepcional, un método de trabajo participativo muy original, extraordinario interés de desarrollar el país y un conocimiento adquirido desde la Sierra Maestra sobre Cuba, su historia e, incluso, su economía.

PREGUNTA: Al Che se le recuerda sobre todo como líder guerrillero. ¿Qué tiene, en su opinión, más peso en la balanza de la historia: el pensamiento militar del Che o las concepciones económicas que desarrolló y aplicó?

RESPUESTA: Quizás la pérdida del Che sea más sensible como pensador revolucionario que como guerrillero. Por esa época estaba haciendo aportes a las ideas del socialismo, con un valor extraordinario en la actualidad y para el futuro. Pero me parece que en el mundo pocas personas tienen esa percepción. A pesar de la gran influencia que ejerce el Che en los pueblos, aún son poco conocidas todas sus ideas integralmente. Cada uno asume al Che a su manera. Unos lo ven como guerrillero, otros como personaje legendario, otros valoran su capacidad de sacrificio, su sentido humanista o la ética de su vida.

PREGUNTA: ¿En cuáles principios y rasgos de la economía socialista depositaba el Che más confianza?

RESPUESTA: El punto central en su proyecto de una sociedad socialista era el desarrollo del individuo, la creación de un hombre nuevo. Ahí está la esencia de todas sus búsquedas. El Che se oponía a ver la sociedad socialista solo como un fenómeno de producción para satisfacer las necesidades materiales del individuo. Decía que eso es lo que hace el capitalismo, a costa de la explotación. Es una tendencia de producción consumista y nada más. El Che acentúa como objetivo central de una sociedad socialista la creación de un hombre nuevo: un hombre solidario, ético, culto, con los valores más altos que pueda tener el ser humano; patriota, sensible hacia cualquier otro ser humano en el mundo. A él le gustaba repetir aquel pensamiento de Martí: "Todo hombre verdadero debe sentir en la mejilla el golpe dado a cualquier mejilla de hombre".

El desarrollo de las fuerzas productivas en el socialismo tiene que estar indisolublemente vinculado a la formación del hombre. Tiempo para alcanzar ese objetivo el Che no lo fijó, pero estaba convencido de ello. Si esas dos líneas no se desarrollaban paralelamente hasta que se unieran, si se le daba un énfasis al consumismo y a la producción material y se olvidaba al individuo, entonces se podía obtener un nivel de producción muy alto y un individuo deformado, egoísta, similar al de las sociedades capitalistas.

PREGUNTA: Por el énfasis que pone en el humanismo, algunos teóricos, incluso de la izquierda, califican de utópico el pensamiento del Che y algunos llegan a decir que era expresión de una filosofía pequeñoburguesa. ¿Qué opina usted?

RESPUESTA: Muchos denostaron al Che y no solo en el mundo capitalista. En la Unión Soviética y en otros países socialistas también lo calificaron de idealista, revisionista, proudhoniano, etc. En la literatura burguesa contemporánea sucede igual, pero esa literatura tiene un concepto de hombre de éxito que no tiene nada que ver con el Che ni con Fidel. Les llaman idealistas, románticos y no les reconocen la influencia que han tenido en las transformaciones sociales del siglo XX.

No hay revolucionario sin sueños, de lo contrario faltaría inspiración para luchar, pero a mi juicio, no hubo idealismos ni utopías en el Che. Trabajé junto a él y le vi desarrollar esas ideas no solo de forma teórica, sino en la práctica.

El esfuerzo del Che para desarrollar la conciencia en nuestro país ha tenido un resultado exitoso y palpable. Mucha gente me pregunta en otros países si existe en algo el hombre nuevo en Cuba y yo personalmente estoy convencido de que sí. Por eso nos sostenemos hoy. La revolución ha resistido el Período Especial[1] y todo lo que vino con el derrumbe del campo socialista, unido al bloqueo, porque existe una conciencia y un pueblo que ha sabido apoyar las ideas revolucionarias y estar a la altura que requería el momento histórico. Y en ese pueblo tiene un peso extraordinario la actitud de nuestros jóvenes, que son un soporte esencial de la revolución.

PREGUNTA: Sin embargo, el hombre no ha desarrollado en el socialismo una conciencia como propietario de los medios de producción, algo fundamental en la concepción de este sistema. Se habla incluso de cierta enajenación del trabajador hacia su condición de dueño y que la propiedad es estatal y no social.

RESPUESTA: Esa es una vieja polémica y uno de los temas cruciales en el socialismo. Pero no hablaría de enajenación. El Che no le ubicó plazos de tiempo al desarrollo de la conciencia en el socialismo. Para él era un largo proceso en el que podía haber avances y retrocesos. Me he acordado mucho de él en el Período Especial. Gente que avanzó en el desarrollo de su conciencia ha flaqueado ante las carencias, ha retrocedido y algunos hasta han traicionado. Por suerte, ha sido la minoría.

El tema de adquirir una conciencia real sobre la propiedad social y sobre todo que esa propiedad sea altamente productiva y eficiente es un problema muy complejo que debemos seguir investigando y, sobre todo, experimentando en la práctica.

Además de aplicar métodos inteligentes para educar al individuo, hay mucho por hacer en el campo de las técnicas de dirección y los estímulos. El Che jamás negó los estímulos materiales, pero hacía énfasis en los morales, de manera que el individuo adquiriera cada día más conciencia de esa propiedad social para hacerla más efectiva, hasta alcanzar un momento en que el individuo produjera por conciencia de su deber social ante el trabajo.

PREGUNTA: ¿La partida del Che hacia el Congo y luego hacia Bolivia fue una expresión de confianza en el destino de la revolución cubana? ¿Cree usted que hubiera tomado otra decisión de saber lo que afrontaría Cuba en estos años noventa?

RESPUESTA: En mi opinión, él no hubiese cambiado su decisión. Como Fidel ha explicado, desde México el Che había previsto seguir la lucha en América Latina, y específicamente en Argentina, cuándo triunfara la revolución cubana. Pero también pienso que marchó seguro de que la revolución estaba en un proceso avanzado de consolidación. Puedo afirmar con certeza que el Che se iba confiado en que, aplicando Cuba sus propios enfoques y contando con un líder como Fidel, no había que preocuparse por la estabilidad y conducción de nuestra revolución.

PREGUNTA: ¿Confiaba en que el socialismo era irreversible, entonces?

RESPUESTA: En el caso de Cuba, sí.

PREGUNTA: ¿Pero creía en la irreversibilidad del socialismo en general? En otras palabras, ¿el Che se hubiera sorprendido por la caída del Muro de Berlín?

RESPUESTA: El confiaba en que la sociedad a escala global iría hacia el socialismo. Esa era para él la solución de los problemas de la humanidad. Sin embargo, el modelo socialista de la Unión Soviética y demás países del este de Europa, el Che no lo creía viable y acertado. Después que conoció las concepciones en la dirección de la economía de esos países, expresó grandes reservas y pronosticó con 25 años de antelación que con ese modelo se estaba retrocediendo al capitalismo.

PREGUNTA: ¿Reservas hacia qué tendencias?

RESPUESTA: No aceptaba el enfoque desarrollado con la Nueva Política Económica en la Unión Soviética.[2] El Che percibe que Lenin se ve obligado a hacer concesiones y aplica la NEP por la compleja y difícil situación política y económica del país en aquel momento, pero Lenin muere casi de inmediato y sus seguidores no rectifican a tiempo. El Che consideraba que la introducción de categorías capitalistas desvió el camino de los países socialistas, con todas las consecuencias que tenía para la formación del hombre nuevo y para la sociedad en su conjunto, incluyendo sus efectos en la superestructura del sistema. No promovieron la búsqueda de mecanismos económicos naturales del socialismo y llegaron a un callejón sin salida donde se produciría un retorno al capitalismo y así lo sentenció el Che.

PREGUNTA: ¿Dónde lo dice?

RESPUESTA: En un escrito aún inédito que me envió anexado a una carta, a fines del 65, después que termina la campaña del Congo. En aquel análisis el Che afirma lo siguiente:

"Los cambios producidos a raíz de la Nueva Política Económica, la NEP, han calado tan hondo en la vida de la Unión Soviética, que han marcado con su signo toda esta etapa y sus resultados son desalentadores. La superestructura capitalista fue influenciando, cada vez en forma más marcada, las relaciones de producción y los conflictos provocados por la hibridación que significó la NEP se están resolviendo hoy a favor de la superestructura. Se está regresando al capitalismo".

Pregunta: Aún así, otras experiencias aceptan una mayor participación del mercado en la economía socialista. ¿Cómo vería el Che lo que sucede en Cuba, por ejemplo?

Respuesta: El momento actual es muy diferente a aquel que estamos analizando de la polémica sobre los modelos de dirección económica en el socialismo. ¿Cómo yo vería al Che? Lo vería estudiando y profundizando en la teoría y analizando con cuidado el fenómeno de la globalización y todas esas ideas retrógradas del neoliberalismo. Lo vería tratando de dar solución práctica a las extraordinarias carencias y dificultades que tenemos en Cuba, pero evitando hacer concesiones de principios en la conducción económica, que puedan traer consecuencias desastrosas para nuestro proyecto revolucionario, como ha pasado en la antigua Unión Soviética.

Hay conceptos en el pensamiento del Che que pueden y deben aplicarse en el presente y otras ideas que se deben adaptar a las condiciones actuales, que son muy distintas a aquellos momentos. Y creo que eso está haciendo Fidel: producir los cambios imprescindibles para subsistir, porque sería absurdo no hacerlos, pero sin hacer concesiones de principios que nos lleven a una involución en el progreso y en los valores que hemos logrado para el desarrollo de una sociedad superior.

Pregunta: A la luz de todo lo ocurrido en los últimos años, ¿tiene la historia alguna deuda con el Che?

Respuesta: Si no deuda, tiene cierto compromiso, un compromiso que implica acciones concretas de todas las personas sensatas y honestas del mundo para asumir lo más valioso de su legado histórico. Al convertirse él mismo en paradigma del hombre nuevo por sus ideas y cualidades excepcionales, el Che representa un punto esencial en el progreso de la humanidad, en la búsqueda de una vida superior para los seres humanos.

Pregunta: ¿Y tiene el Che alguna deuda con la historia?

Respuesta: Eso tendría que responderlo el Che, pero si me preguntas a mí, pienso que él era un hombre permanentemente insatisfecho y siempre consideró pequeño lo que hizo. Sus proyectos e ideas eran tan ambiciosos y creativos que imagino que él se sentiría en deuda con la historia. Quizás lo que más haya sufrido es no haber continuado en otros países la obra que inició en Cuba y que dejó como herencia extraordinaria. Sentiría como su deuda, quizás, no haber visto el desarrollo de un hombre nuevo a una escala más amplia, a nivel mundial o, por los menos, en América Latina. Ese era su sueño.

---

1. "Período Especial" es el término utilizado en Cuba para describir la crisis económica precipitada a comienzos de los años 90 por el colapso de las relaciones comerciales que había mantenido por mucho tiempo con la Unión Soviética y los países de Europa oriental.

2. La Nueva Política Económica fue adoptada por el Partido Comunista Ruso en marzo de 1921, tras la devastación económica causada por la Primera Guerra Mundial y la posterior guerra civil. Destinada a reavivar una economía en que la producción industrial había caído por debajo del 20 por ciento del nivel de la preguerra, la medida permitió un regreso limitado al libre comercio y a la operación de concesiones extranjeras junto con los sectores nacionalizados de la economía.

GUEVARA: 'LOS SERES HUMANOS YA NO SON BESTIAS DE CARGA'

por Enrique Oltuski

El siguiente discurso fue pronunciado por Enrique Oltuski en una conferencia sobre "Che: hombre del siglo XXI", celebrada del 1 al 4 de octubre en la Universidad de La Habana. Oltuski colaboró estrechamente con Ernesto Che Guevara en el Ministerio de Industrias, que Guevara dirigió a comienzos de los años 60, y hoy es viceministro de la industria de la pesca. Reproducido con autorización. Los subtítulos y las notas son del *Militant*.

¿Qué está pasando en el mundo que cada día se agiganta más la figura del Che? ¿No será porque viene a llenar un vacío moral? ¿No será porque inspira confianza en el futuro? ¿No será porque él es el ser humano que todos queremos ser? ¿No será porque el Che es el hombre nuevo que nació adelantado?

GRANMA

MILITANT/MARTÍN KOPPEL

Arriba: Che Guevara asume cargo de presidente del Banco Nacional de Cuba, noviembre de 1959. De izq.: José Naranjo, Osmany Cienfuegos, Osvaldo Dorticós, Che Guevara, desconocido, Felipe Pazos, Enrique Oltuski, Faustino Pérez. **Der.**: Oltuski habla en conferencia "Siglo XXI: Legado y Vigencia de la Obra del Che", celebrada en La Habana del 25 al 27 de septiembre y patrocinada por la revista *Tricontinental*.

El asma, que eventualmente dominara, con su gran fuerza de voluntad y que comenzó a padecer a los dos años de edad, lo obligó a guardar reposo durante los períodos de crisis. Hijo de padres cultos, los libros eran objetos familiares en la casa y así, los libros se convirtieron en el refugio de las largas horas.

Tenía 15 años y leía a Freud, Verlaine, Mallarmé, Zola, Sarmiento, Faulkner, Steinbeck: interesante mezcla de autores, semillas del futuro bosque de ideas, sembradas todavía sin orden.

Con el tiempo y ascenso intelectual, aumenta su interés por las obras de contenido social. Intensifica sus lecturas de marxismo y además lee a Kafka, Camus y Sartre.

Sus viajes por Suramérica fueron decisivos en su formación. Toma conciencia del indio americano, surge la fraternidad por los pueblos indígenas. Con su estancia en las minas de Chuquicamata en Chile conoce la vida de los mineros del cobre y la opresión a que son sometidos por los dueños yanquis. Siente

Publicado en inglés en el *Militant*, vol. 61, no. 38, 3 de noviembre de 1997.

en carne propia el saqueo a que los arqueólogos norteamericanos han sometido las ruinas de Machu Picchu. Su amor por el prójimo lo hace convivir con los leprosos que lo despiden como a un hermano.

Conoció las revoluciones boliviana y guatemalteca. En México se unió a la revolución cubana, ya no era un simple espectador, ya era un revolucionario que quería cambiar las cosas.

Cuándo fueron a vivir a los campamentos, en la etapa final de su preparación como expedicionario del *Granma*[1], el Che contaba sus viajes por América. No era la parte anecdótica lo que quería destacar, sino la pobreza, cómo vivía la gente, cómo vivían los indios maya de Guatemala, la corrupción de los gobiernos. Escribía mucho sobre estos temas, su paso de un país a otro, las gentes que fue conociendo, pero sobre todo la pobreza, la esclavitud en que vivía el indio americano. Después vino la epopeya cubana, su aprendizaje como guerrillero junto a su maestro Fidel; la invasión, la batalla de Santa Clara, el Ministerio de Industrias.

Con el Ministerio de Industrias se daban los primeros pasos para la creación de una estructura organizativa de carácter socialista en el país. El sistema de dirección que se gestaba estaba presidido por una concepción teórica fundamental, que es el desarrollo de la conciencia del hombre y el desarrollo de las fuerzas productivas; de tal forma que en un estadío determinado, el desarrollo de las fuerzas productivas debía coincidir con la formación del hombre nuevo, para así crear la sociedad justa donde el hombre sería hermano del hombre y donde la felicidad personal sería la felicidad de todos.

El sistema del Ministerio de Industrias se fue consolidando como resultado de una experiencia donde el hombre era el centro. Su educación, el desarrollo de su conciencia y los estímulos morales y materiales jugaron un papel principal.

El elemento del trabajo voluntario

Un elemento nuevo hizo su aparición en esta concepción: el trabajo voluntario. El Che planteaba que el trabajo voluntario era un aporte absolutamente desinteresado, hasta llegar a hacer del trabajo un deber social, y más que un deber, un placer social. La idea de que el trabajo era una función consustancial al hombre también formaba parte de la concepción teórica que el Che fue completando durante sus años en Cuba.

En agosto de 1964, con motivo de la entrega de los certificados comunistas a los mejores trabajadores del Ministerio de Industrias el Che, con su fina sensibilidad humana, citó párrafos de un libro donde el poeta León Felipe, que lo escribió, expresaba:

"Pero el hombre es un niño laborioso y estúpido que ha convertido el trabajo en una sudorosa jornada, convirtió el palo del tambor en una azada y en vez de tocar sobre la tierra una canción de júbilo, se puso a cavar..."

Y seguía diciendo el poeta:

"Quiero decir que nadie ha podido cavar al ritmo del sol y que nadie todavía ha cortado una espiga con amor y con gracia".

Y otra vez el Che:

"Por eso quería citarles esas palabras, porque nosotros podríamos decirle hoy a ese gran poeta desesperado que viniera a Cuba, que viera como el hombre después de pasar todas las etapas de la enajenación capitalista, y después de considerarse una bestia de carga uncida al yugo del explotador, ha reencontrado su ruta. Hoy, en nuestra Cuba, el trabajo adquiere cada vez más significación nueva, se hace con alegría nueva".

Y nosotros decimos como en la canción: Che, el poeta eres tú.

Pero había un elemento más en la concepción de la nueva vida, de la nueva sociedad, del hombre nuevo: el calor humano que también desarrolla la conciencia. Esto también era parte de la formación.

Pero... ¿Cómo era el Che en la vida personal? ¿Cómo se manifestaba esa sensibilidad humana que tan poco ha trascendido? Hurguemos en el recuerdo de quienes tuvieron el privilegio de conocerla.

Relatos de quienes colaboraron con Che

Arsacio Vanegas, el mexicano que entrenó a los futuros guerrilleros de la Sierra Maestra, contaba:

"Abrí la puerta aquella tarde en Ciudad de México, mientras asistía a mi amiga María Antonia González, cuya casa servía de cuartel general a los exiliados cubanos y que se encontraba enferma.

"Ante mí apareció un joven despeinado, de aspecto atractivo, cuyas ropas indicaban que su situación económica no era floreciente.

"'Busco a Ñico López', dijo.

"'¿Quién lo busca?'

"'El doctor Guevara.'

"'Lo siento, pero no está.'
"La voz de María Antonia llegó desde el fondo del apartamento.
"'¿Quién es, Vanegas?'
"'Un joven doctor que busca a Ñico.'
"'Pues que no joda más, que se vaya al carajo, que la cosa no está para visitas.'
"'Es la dueña de la casa, María Antonia González, que no se siente bien', trata de suavizar Vanegas.
"'Pues, vaya que tiene un genio', dijo el joven. Dejó un recado y se marchó rápidamente.
"El día que el Che y Fidel se conocieron hablaron mucho rato. Yo esperé afuera y cuándo salieron de la habitación donde estaban reunidos Fidel me dijo:
"'Amigo Vanegas, el doctor Guevara desde este momento ya es miembro del [Movimiento] 26 de Julio. Ponte de acuerdo con él para que comience su entrenamiento'.
"Le dije al Che que trajera ropa adecuada porque escalaríamos unos cerros y que nos encontraríamos cerca de Guadalupe, en el cine Buenavista. Allí, nos encontramos todos y comenzamos a caminar hacia el norte. Mientras subíamos el cerro íbamos haciendo las prácticas, cómo respirar, cómo orientarnos, dónde que daba el norte, el naciente, el poniente. Días después apretamos el paso. Era muy duro subir el cerro con sus laderas abruptas. El Che se había ido separando, quedándose atrás y de pronto oigo un sonido raro, le digo a los muchachos que siguieran caminando y regreso junto al Che.
"'¿Qué le pasa, doctor?' No me hablaba, me hizo señas que esperara y yo esperé largo rato, hasta que fue pasando su acceso de asma.
"'Lo que ha pasado, Vanegas, no quiero que lo divulgues, pues eso no puede ser un impedimento para que yo vaya en la expedición'.
"Yo trataba de limitar al Che en los ejercicios, porque me preocupaba el problema del asma, hasta que el Che ya muy molesto me dijo:
"'No me estés prohibiendo que haga ejercicios, no me afecta y si me afecta es un problema mío'.
"Cuándo empezaron las prácticas en el gimnasio les enseñé a defenderse, cómo se agarran las ropas, como se dan los golpes, cuáles son las partes vulnerables, cómo se inhabilitan y hasta se causa la muerte, y así muchas veces. Un día me reclamó:
"'Oye Vanegas, ¿hasta cuándo esta rutina? ¿Qué es lo que estamos aprendiendo? Yo no voy a ser cirquero y maromero'.
"Yo le dije una grosería y lo agarré desprevenido y lo tiré en la lona.
"'Esto es lo que te estoy enseñando y si tú no sabes cómo defenderte te voy a quebrar el brazo'.
"Él se quedó pensativo y me dijo con una humildad que me conmovió:
"'Está bien, Vanegas, tienes razón, perdóname'".

Enemigos falsifican imagen de Che

Orlando Borrego, su viceministro primero del Ministerio de Industria, nos dice:
"Hoy que el Che es una figura de alcance mundial, hoy que el Che es ejemplo y bandera de los jóvenes del mundo, los enemigos de la revolución cubana tratan de dar una imagen falsa de su personalidad. Hoy no podemos, los que tuvimos el privilegio de conocerlo y de vivir a su lado en ese paso fugaz pero profundo por nuestra patria, dejar de recordar su afecto y su calor humano en las relaciones que mantuvo con sus compañeros en la guerra, con los trabajadores en la paz, con sus subordinados en el Ministerio de Industrias, con su familia, con las escoltas, con sus amigos, y sobre todo con Fidel".
Aleida March, su compañera en las montañas del Escambray, en la batalla de Santa Clara, y en la vida, recuerda:
"El Che pasaba muy poco tiempo en la casa, solamente la noche del sábado y algunas tardes de domingo, después del trabajo voluntario. Nunca hubo mucho tiempo para hablar. El Che me decía que estudiara historia, que algún día nos sentaríamos frente al fuego a hablar de este tema favorito y eso fue lo que estudié cuándo el se marchó para Bolivia.
"Después de la campaña de África estuvimos juntos en Tanzania durante casi un mes y hablamos de muchas cosas de las que no habíamos tenido tiempo de hablar antes. Leíamos y el Che escribía. En Praga, por primera vez, hicimos vida hogareña. Yo cocinaba, lavaba la ropa. Vivimos la vida que no habíamos podido vivir.
"Al principio el Che no quiso regresar, pensaba que eso comprometería a Cuba, pero Fidel insistió en que viniera a entrenarse.
"Durante el entrenamiento en Cuba llevé a Celita y a Ernestico, los niños más pequeños, a verlo. A los más grandes no, para que no lo reconocieran. El Che quiso tener hijos. Los niños eran más apegados a mí, pues veían muy poco a su padre. El me

decía: 'Disfrútalos ahora que cuándo sean grandes serán míos'. Cuándo iba a nacer Aleidita, la primera, el Che creía que iba a ser varón y prefirió que le pusiéramos Ernesto. Le dije que no, que era mucha carga llamarse también Ernesto Guevara. 'Le pondremos Camilo',[2] transigió el Che, 'así será la combinación de dos guerrilleros'.

"No pensé que el Che se iría algún día de Cuba hasta que volvió de África y me dijo que esta vez la partida para Bolivia sería definitiva. El Che no pensó en la muerte, siempre fue optimista. Pensó que triunfaría y que después volveríamos a reunirnos.

"Al Che le gustaba la poesía. A los hijos, a los padres, a los compañeros más cercanos, les dejó cartas. A mí, una cinta grabada con su voz, con los poemas que más amaba".

La revolución es más que justicia social

Harry Villegas, "Pombo", que desde los 16 años estuvo con el Che, nos cuenta:

"Con el Che aprendimos lo que realmente era la revolución. La revolución no solo era un problema de justicia social, sino moral, era un nuevo enfoque de la vida, era, simplemente, ser un hombre nuevo. La revolución no era vivir un día tras otro; el Che nos fijó metas, objetivos por los que había que luchar cada día. Eso era ser revolucionario.

"Mis relaciones con el Che comenzaron siendo relaciones de jefe a subordinado. El Che siempre fue nuestro jefe, nuestro guía y como tal lo respetábamos. Pero gradualmente y de una forma muy sutil, esas relaciones se fueron transformando hasta crear vínculos y sentimientos más fraternales, de compañeros, de amigos. Veíamos como se preocupaba por nosotros, como si fuera nuestro padre. Quería prepararnos para que cuándo triunfara la revolución pudiéramos ser útiles en la construcción de la nueva sociedad.

"El día 8 de octubre de 1967 yo me encontraba a menos de 100 metros de donde estaba el Che, en la Quebrada del Yuro, cosa que no sabía en aquellos momentos. Teníamos la quebrada por delante y después, por debajo de la quebrada, estaba la escuelita de La Higuera, veíamos el movimiento, escuchábamos a los soldados hablar, todo lo cual da una idea de lo cercano que estábamos.

"La noticia nos llegó a través de la radio. Dieron detalles de cómo estaba vestido, de sus dos relojes, pues llevaba también el reloj que el Tuma le había dejado antes de morir para que se lo entregara a su hijo. Todo eso nos llevó al convencimiento de que efectivamente el Che había muerto.

"Para nosotros eso fue un golpe mortal. En un primer momento nos sentimos derrumbados, pero éramos hijos del Che, éramos la arcilla que el había moldeado y comprendimos que había que superar ese estado anímico y lo logramos superar. Llegamos a la conclusión que la guerra no había terminado, que el Che seguía presente entre nosotros con sus ideas y su ejemplo, que había que continuar la lucha hasta la victoria final y que los revolucionarios podían lograrlo".

Al pasar recuento a todo lo expresado por Vanegas, Aleida, Borrego, Harry y tantos compañeros que conocieron al Che, que vivieron junto a él, que recibieron la influencia de sus ideas y sobre todo de su ejemplo, se reafirma en nosotros la certeza de sus condiciones excepcionales de revolucionario, porque revolucionario es el que cambia las cosas. Su pensamiento no tenía límites y su confianza en el hombre tampoco.

La idea de que el desarrollo de la conciencia social daría lugar al hombre nuevo, cuándo la inteligencia se impusiera a las fuerzas naturales y ambos al egoísmo personal, es el concepto central de su pensamiento y la fuerza que mueve y que moverá cada vez más a los hombres de buena voluntad del mundo.

Toda esa fuerza intelectual y física abrigaba en un hombre sensible, humano, que amaba, que reía, que bromeaba, que componía y recitaba versos y que a la vez sufría las injusticias del mundo que quería cambiar.

Con el Che no han muerto su ejemplo, sus enseñanzas, ni los hombres que puedan llevarlos a cabo, porque a pesar de haber sido un ser excepcional, el Che no era un ser inalcanzable. Como dijera una vez Fidel de Camilo, en los pueblos del mundo hay muchos Ches y ellos, completarán su obra.

---

1. El *Granma* fue el yate que transportó a 82 combatientes revolucionarios, incluyendo a Che y a Fidel Castro, de México a Cuba en diciembre de 1956. Los combatientes constituyeron el núcleo del Ejército Rebelde que dirigió la lucha para derribar a la dictadura de Batista apoyada por Washington.

2. Camilo Cienfuegos fue un expedicionario del *Granma* que llegó a ser comandante del Ejército Rebelde en enero de 1959. Se convirtió en jefe del estado mayor del Ejército Rebelde. Su avión se perdió en alta mar el 28 de octubre de 1959.

'ES LA OBRA DE UN GIGANTE'
Entrevista con Arturo Guzmán

por Julio García Luis

La siguiente entrevista fue concedida por Arturo Guzmán, que trabajó con Che en el Ministerio de Industrias. Guzmán actualmente es un asesor económico de Cubalse, una compañía estatal cubana de importaciones. La entrevista apareció originalmente en el número del 6 de octubre de 1997 de *Trabajadores*, semanario de la Central de Trabajadores de Cuba (CTC) bajo el título "La obra de un gigante". Reproducido con autorización. Las notas son del *Militant*.

El tiempo de Guzmán es casi libremente convertible. Su labor actual, como asesor financiero en CUBALSE, está directamente ligada al tenso frente de las divisas, y en ella vuelca toda su larga experiencia de dirección económica. Tampoco le gusta prodigar lo que para él es "algo muy íntimo, recuerdos entrañables", es decir, los primeros años de la década del 60, cuándo recorrió toda la escala de dirección del Ministerio de Industrias, desde administrador de una fábrica hasta trabajar "puerta con puerta" con el Che, como su viceministro primero.

Ernesto Che Guevara (izquierda) otorga premio por trabajo voluntario en asamblea sindical en 1964. En el centro está el dirigente sindical cubano Lázaro Peña.

Pudieron más, sin embargo, su amabilidad y el espíritu de estos días de recordación, y hallamos al fin un espacio para vernos.

"Yo no conocía al Che. Provenía de la lucha clandestina en La Habana, era contador profesional, y en febrero de 1960 recibí un papel designándome administrador interventor de la fábrica Técnica Cubana, en Cárdenas, una planta para producir papel a partir del bagazo de la caña.

"La primera vez que lo vi fue poco después. Vino a visitar la fábrica. Le mostramos las instalaciones, le explicamos el proceso de producción; luego le pregunté si quería ver algo más. '¿Dónde están los almacenes?' preguntó. Fuimos allá y él empezó a tomar las tarjetas de estiba y a comprobar que lo que decía cada una de ellas tenía respaldo físico. Aleida, su compañera, lo ayudaba. Ella leía: 'tantos bombillos de 15 watts', y tenía que estar la cantidad de bombillos. Me estaba dando una lección práctica para toda la vida. 'Esto es importante', me decía. 'Esta es tu responsabilidad; aquí no puede faltar nada'.

Publicado en inglés en el *Militant*, vol. 61, no. 40, 17 de noviembre de 1997.

"Yo creo", afirma Guzmán, "que para poder aquilatar lo que este hombre extraordinario hizo desde el Banco Nacional, el Departamento de Industrialización del INRA [Instituto Nacional de Reforma Agraria] y el Ministerio de Industrias, habría que reproducir el entorno de aquella situación, algo muy difícil de entender para quien no la vivió.

"Las condiciones eran excepcionalmente adversas. Lo primero fue el éxodo de los técnicos. En Técnica Cubana, cuándo yo llegué, había unos 18 ingenieros entre cubanos, canadienses y norteamericanos. En poco tiempo quedaron solo dos ingenieros cubanos y un técnico medio.

"No había una industria mecánica nacional. Ya empezaba el bloqueo norteamericano de piezas, materias primas y materiales de todo tipo, y no había cómo hacer una pieza, ni los planos existían siquiera. Hay que recordar que el 95 por ciento de los medios básicos nacionalizados entonces eran procedentes de Estados Unidos. La dependencia era enorme. Y es en este contexto que el Che realiza la proeza de evitar el colapso de la industria, mantiene la producción, la organiza y logra incluso hacerla crecer sostenidamente, porque de acuerdo con las estadísticas de la época, creció un 4 por ciento como promedio anual entre 1960 y 1967.

"¿Qué más, en 5 años, y además con nosotros, los cuadros que lo rodeábamos?, gente sin formación, combatientes de distintas procedencias, pero sin más aval que la credibilidad política.

"Fíjate si es así, que el 10 de agosto de 1963 se hizo un examen a todos los administradores de industrias del país y se determinó que quien tuviera menos de sexto grado no podía continuar administrando. Bueno, pues hubo 132 compañeros que tuvieron que salir a pasar escuelas o fueron devueltos a sus centros de origen. ¿Y qué nivel, visto desde hoy, era tener un sexto grado?

"Poco después de aquello, en una reunión, el Che llamó a su Consejo de Dirección, es decir a todos nosotros, 'los ilustres improvisados'. Y no se quedó ahí. Nos dio 10 años de plazo para tener el perfil universitario de las ramas que dirigíamos. Como yo sabía que aquello no era en broma, sino muy serio, salí de allí a matricular ingeniería industrial.

"En una ocasión nos repartió un librito sobre programación lineal. Entonces él a cada rato me preguntaba, y supongo que igual lo hacía con los demás, si ya había leído el libro, si lo estaba estudiando. Al final se dio cuenta de que no estábamos haciendo gran uso del libro y un día nos citó a las 7 de la mañana, y empezó a darnos clases.

Su visión del futuro

"Una de las cosas que más se debe destacar es la integralidad del sistema creado por el Che en [el Ministerio de] Industrias. Había una política de cuadros, una política económica, una política de desarrollo científico, había un plan perspectivo, hablábamos de la sucroquímica a largo plazo, de la producción de níquel, de acero, de fertilizantes...

"Lo principal de la política de cuadros era la promoción desde la base y de acuerdo con los resultados. Llegó un momento en que en el Consejo de Dirección, salvo una o dos excepciones, todos veníamos de la base.

"La política de cuadros estaba sustentada, además, en un gran rigor y una gran exigencia por el cumplimiento de las tareas. En el Ministerio había un sistema de consejos, despachos y reuniones, y los acuerdos había que cumplirlos inexorablemente. La única forma de no cumplir un acuerdo era que, antes de la fecha de vencimiento, usted expusiera razones de peso y recibiera autorización expresa para no cumplirlo.

"Quince minutos después de la hora no te dejaba entrar a una reunión. La disciplina era consciente, en primer lugar, pero también era obligada. Si incumplías no eras regañado: eras sancionado. Cada día que demoraras un informe de estadística era un día menos de salario para el director. Estaba Guanahacabibes, para problemas administrativos de mayor trascendencia.[1] Es decir, a Dios rogando, pero con el mazo dando...

"El énfasis del Che en la reducción de los costos es totalmente válido hoy. El uso de las estadísticas y de la proyección económica, del análisis económico, de las técnicas matemáticas. En aquella época había una gran computadora, una Elliot, que ocupaba todo el sótano del Ministerio del Trabajo, y allí se trabajaba. No se sabe lo que habría logrado el Che con estas microcomputadoras de ahora.

"Yo fui director por un tiempo de la rama química pesada y las discusiones del plan de producción eran el 6 u 8 de cada mes. Esos días y no otros. Quiere decir que tú debías tener el informe listo. Y yo lo que tenía era una Friden, una máquina gigantesca, que me sentí felicísimo el día que me la dieron. Ahora, el día 5 cerraba el país la contabilidad, y contabilidad, además, ciento por ciento confiable; porque eso de inconfiable... Si tú te aparecías en el Ministerio de Industrias con una contabilidad inconfiable era mejor que te disolvieras antes de entrar allí. La contabilidad era una, confiable, y se acabó.

"Hay que pensar, además, que entonces estaba todo dentro del Ministerio. Por ejemplo, cuándo yo dirigía esta rama química pesada tenía en ella 5 empresas, y una de ellas era la Empresa Consolidada del Azúcar, la ECA, encabezada por Alfredo Menéndez y Esteban Breto, con un equipo de cuadros, que producía 6 millones de toneladas de azúcar al año.

"Disponíamos de un aparato de supervisión realmente poderoso: llegó a contar con unos 400 integrantes, entre auditores e inspectores, para controlar todo aquel universo industrial.

"Era un trabajo sistemático, riguroso, que te obligaba a dar respuesta en cada momento y ante cada problema.

No imponía criterios

"La política económica, como es conocido, él la basaba en el sistema presupuestario y hay un aspecto que dice mucho de su calidad de persona que no imponía criterios, sino que los sometía a discusión. En la revista *Nuestra Industria Económica,* que era una de las tres publicaciones que teníamos en el Ministerio de Industrias, escribían sobre el cálculo económico y el sistema presupuestario tanto defensores como adversarios.

"Creó, además, una política de desarrollo científico, y echó a andar institutos como el ICIDCA, obligándonos a sacar los cuadros y los recursos de lo poco que había.

"Al igual que el Viceministerio de Desarrollo Técnico, para impulsar la ciencia y la tecnología, el Che fundó un Viceministerio para la Construcción Industrial. En el país no había experiencia. Sin embargo, se construyeron y montaron fábricas como la INPUD de Santa Clara, que estuvo lista y arrancó por el cronograma en dos años, y como las hilanderías de Gibara y Alquízar.

"Únicamente un genio pudo encauzar aquello, en medio del bloqueo, de los sabotajes, de la contrarrevolución, de la falta de personal capacitado para todo.

"El Che no tenía ningún antecedente para esta tarea. Era médico, era guerrillero, y todo lo que hizo fue a partir del momento en que se enfrentó a ella. Tenía además responsabilidades políticas, militares, internacionales, infinidad de cosas. Pero una hora suya en el Ministerio equivalía a meses de trabajo.

"Cuándo tú miras hacia atrás y ves todo eso junto, dices: es la obra de un gigante".

---

1. Guanahacabibes era un campamento de trabajo para administradores del Ministerio de Industrias que cometían graves infracciones. El ir a Guanahacabibes por un cierto tiempo era un castigo político voluntario. Si un administrador rehusaba ir al campamento se le destituía de su cargo. Después de completar un plazo allí, el individuo sancionado regresaba a su puesto anterior.

'CHE GUEVARA DEDICABA ENERGÍAS A PROMOVER LA SOLIDARIDAD ANTIIMPERIALISTA'

Entrevista con Manuel Piñeiro sobre las misiones internacionalistas de Che Guevara

por Luis Suárez Salazar, Ivette Zuazo y Ana María Pellón

La siguiente entrevista con Manuel Piñeiro, miembro del Comité Central del Partido Comunista de Cuba, apareció en un número especial de la revista *Tricontinental* dedicado a su 30 aniversario. La revista la edita en La Habana la Organización de Solidaridad con los Pueblos de África, Asia y América Latina (OSPAAAL).

Durante los años 60, Piñeiro fue jefe de la Dirección General de Inteligencia del Ministerio del Interior de Cuba, encargada, entre otras funciones, de las relaciones con movimientos revolucionarios en el Tercer Mundo. Reproducido con autorización. Las notas son del *Militant*.

Un tremendo aguacero estalla en el mismo instante del comienzo de la grabación. El ambiente es propicio para la broma. "Ustedes van a romper mi virginidad", nos advierte nuestro interlocutor, aludiendo al hecho de que si bien ha sostenido algunos encuentros periodísticos, es esta la primera vez en 30 años que accede a ser entrevistado sobre Che Guevara.

Solicitudes ha recibido muchas, de colegas cubanos y extranjeros. La razón es que este hombre, llamado Manuel Piñeiro y apodado *Barba Roja* en los años 60 por amigos y enemigos, es un testigo clave a la hora de reconstruir toda la trayectoria internacionalista del Che, desde 1959 hasta su asesinato en Bolivia, en 1967.

BOHEMIA

TRICONTINNENTAL

Arriba: Cubanos y partidarios internacionalistas participan en mitin en agosto de 1960 en La Habana para apoyar nacionalización de propiedades imperialistas en Cuba. Una de las banderolas cita al revolucionario nicaragüense Augusto César Sandino. **Derecha**: Manuel Piñeiro (a la izquierda) con Che Guevara.

Durante aquellos años, Piñeiro fue nada más y nada menos que el jefe de la Dirección General de Inteligencia del Ministerio del Interior de Cuba, encargada, además de otras funciones, de los vínculos con los movimientos revolucionarios en el Tercer Mundo.

Publicado en inglés en el *Militant*, vol. 61, nos. 41 y 42, 24 de noviembre y el 1 de diciembre de 1997.

Estaba en pleno apogeo la insurgencia liberadora. Entre sus múltiples tareas dentro de la dirigencia de la revolución cubana, el Che dedicaba energías a promover la solidaridad antiimperialista y a prepararse para combatir en "otras tierras del mundo". En ello estuvo Piñeiro muy cerca de él.

El aval que le mereció aquel puesto lo había forjado fundamentalmente en la Sierra Maestra, adonde llegó en mayo de 1957 tras una petición hecha al liderazgo del Movimiento 26 de Julio en la capital. Antes había sido uno de los dirigentes del M-26-7 en su provincia, Matanzas; de aquí debió emigrar a La Habana, "quemado" por sus actividades de sabotaje y propaganda; y arribó a las montañas orientales después de haber organizado varios envíos de armas para la Sierra.

Allí integró la Columna 1 comandada por Fidel. En marzo de 1958, pasó a la de Raúl Castro, que fundaría el II Frente Oriental *Frank País*, donde le confiaron la Dirección de Personal e Inspección Territorial, la del Servicio de Inteligencia y la Policía Rebelde. Baja con el grado de Comandante. Participa en la fundación del Ministerio del Interior en 1961 y en él permanece hasta el 75: casi una década como responsable máximo del Viceministerio Técnico; y luego, de la Dirección General de Liberación Nacional.

En 1975 y por más de tres lustros, condujo el Departamento América del Comité Central del Partido Comunista de Cuba. De este Comité es miembro desde su surgimiento el 3 de octubre de 1965. Ese día justamente, Fidel hacía pública la carta de despedida del Che.

Hoy, a los 64 años de edad, con la barba y el cabello encanecidos, Piñeiro no abandona su afición —o su costumbre— por el trabajo hasta altas horas de la noche; lo mismo en el Comité Central, donde entra cada tarde poco después del mediodía, que en la sencilla terraza de su hogar, donde ahora nos reunimos. El "decorado" delata su ambiente natural de trabajo: manojos de publicaciones y documentos acerca de América Latina tapizan los muebles; al pie de una mesa plástica una lámpara; hamaca y mucho verde en el pequeño patio. Pero habría que decir también que en medio de todo este intenso bregar como revolucionario, ocupa un espacio privilegiado su familia: su compañera, la escritora marxista chilena Marta Harnecker; la hija de ambos, Camila, y su primogénito Manuel, quien es abogado.

Han transcurrido casi cuatro horas de diálogo y él, tan fresco como al principio, solo ha faltado a una promesa que en definitiva hizo consigo mismo: ser escueto. Mas no a la de esforzarse porque su memoria le permitiera toda la rigurosidad posible. Enhorabuena.

Luego de tantos años, conceder esta entrevista no es para él, si no un homenaje, "mi modesto homenaje al Che Guevara".

PREGUNTA: ¿Cuándo y en qué circunstancias conoció usted al Che?

RESPUESTA: La primera vez que lo vi fue de pasada, al cruzarse nuestras Columnas luego del combate de Pino del Agua (10 de septiembre de 1957). Por otros combatientes, quienes hablaban de él con mucho respeto y cariño, ya sabía que era un argentino valiente, temerario, dotado de una gran preparación cultural y de sólidas ideas políticas.

Luego volví a encontrarlo en El Hombrito, otro lugar de la Sierra Maestra donde se hallaba su comandancia: armería, panadería, servicios médico y odontológico del cual él mismo era el dentista, con una tenaza por único instrumento. Coincidentemente con el día de hoy (10 de junio), yo tenía un tremendo dolor de muela, pero cuándo iba en busca del Che oigo quejidos y gritos de un hombre y lo veo a él sujetando por la cabeza a un campesino y, tenaza en mano, extrayéndole una muela. Allí me dije: jamás caeré en las manos de este hombre. Esa imagen creo que no la olvidaré nunca.

PREGUNTA: Más allá de aquel impacto, ¿qué impresión le causó su personalidad?

RESPUESTA: La de un hombre sereno, de mucha confianza en sí mismo, que inspiraba respeto. Al principio podía parecer serio e introvertido, mas una vez que se entraba en contacto personal con él se mostraba muy comunicativo, con un agudo sentido del humor, a menudo matizado de ironía. Pienso que por tener otra sicología, otra formación cultural, otra idiosincrasia, algunos compañeros no comprendían sus bromas, decían que los suyos eran chistes "argentinos", muy ácidos. En realidad, muchas veces llevaban un cierto tono crítico pero eran siempre afectivos y educativos, nunca de ofensa a ningún compañero, siempre apelando a su vergüenza personal.

TRICONTINENTAL

Había una efervescencia revolucionaria en toda Latinoamérica en los años 60. **Izquierda**: campesinos se manifiestan en Perú, 1964. **Derecha**: Che Guevara con Jorge Ricardo Masetti, quien organizó campaña guerrillera en Argentina en 1963 con colaboración de Che. Muchos dirigentes revolucionarios de otros países que pasaban por La Habana se entrevistaban con Guevara.

Pregunta: ¿Después del triunfo de la revolución, en qué momento se reencuentra con él?

Respuesta: El Primero de Mayo del '59 él asistió al desfile de Santiago de Cuba, capital de la entonces provincia de Oriente. A la sazón yo era jefe de la Plaza Militar allí, así que lo recibí y sostuvimos una reunión en mi oficina del Cuartel Moncada. Pero mi relación estrecha con el Che se inicia en la segunda mitad de 1959.

Pregunta: ¿Es entonces que comienzan a trabajar juntos en las actividades vinculadas con la solidaridad hacia las luchas revolucionarias en el Tercer Mundo?

Respuesta: Sí. En ese año me trasladan de Oriente a La Habana, para incorporarme a la fundación de las estructuras de seguridad e inteligencia que antecedieron a la creación, el 6 de junio de 1961, del Ministerio del Interior, cuyo jefe fue el compañero Ramiro Valdés. Estas incipientes estructuras, y luego el Viceministerio Técnico del MININT [Ministerio del Interior] —cuya jefatura me encomendaron—, tenían también que ver con la atención a dirigentes revolucionarios y políticos de otros países del Tercer Mundo, quienes venían a conocer la experiencia de la revolución cubana, y lógicamente querían conversar con sus principales dirigentes, en primer lugar con Fidel y el Che. El les dedicaba su poco tiempo disponible, sobre todo las noches, como mismo hacía con cuanto campesino o combatiente rebelde, vinculado a él en la Sierra, le solicitara una entrevista. Las reuniones con esos dirigentes, en su mayoría latinoamericanos y caribeños, se extendían hasta bien avanzada la madrugada y a veces hasta la salida de los primeros rayos del sol. Se realizaban en casas de seguridad, en las sucesivas oficinas del Che en el Instituto Nacional de Reforma Agraria, el Banco Nacional, el Ministerio de Industrias y ocasionalmente en su casa.

Pregunta: ¿En todas participaba usted?

Respuesta: Casi siempre, si no, algún otro compañero encargado de la atención al visitante.

Pregunta: ¿Qué más recuerda de aquellas reuniones?

Respuesta: Invariablemente estaban "presididas" por un termo de agua caliente, una bombilla, mate y un tabaco en la boca del Che. Me llamó la atención siempre su capacidad de saber escuchar, su respeto por las opiniones de su interlocutor, aun cuándo no coincidieran con las suyas. Sin embargo, esto no significaba que no expusiera sus puntos de vista, con argumentos muy convincentes. Aún sin conocer al visitante podía crear un clima de distensión, confianza y fraternidad que permitía a ambos dialogar directa y francamente.

Aunque permanecía al corriente de la situación política y del surgimiento de movimientos revolucionarios en el Tercer Mundo, en especial en América Latina, previo a los encuentros leía cuanto material poseyéramos sobre la realidad política, económica y social del país en cuestión. Era inexcusable no tener un mapa de éste encima de la mesa porque, como hombre de mucho detalle, le gustaba indagar analizando la geografía, la topografía del territorio, las características de la población rural, las formas de propiedad de la tierra, las luchas sociales y sus antecedentes, los movimientos campesinos, obreros, estudiantiles, las organizaciones políticas, el mundo intelectual... Era en extremo meticuloso buscando datos y cifras acerca de todos esos temas.

De forma pedagógica, y alejado de esquemas o dogmas, explicaba la experiencia revolucionaria cubana y dentro de ella no solo la suya, sino la de otros líderes, como Fidel y Raúl Castro, Juan Almeida, Camilo Cienfuegos. No dejaba de señalarle al visitante que allí donde hubiera un resquicio para la actividad legal debía aprovecharse, pero sin hacerse ilusiones, teniendo muy presente lo indispensable de acumular fuerzas al máximo y prepararse militarmente para enfrentar la represión al movimiento popular y revolucionario, en cuanto este se convirtiera en un desafío peligroso al sistema imperante. Asimismo, los alertaba sobre la probable reacción agresiva del imperialismo ante los avances de las luchas revolucionarias. A veces también incursionaba en asuntos filosóficos y culturales.

PREGUNTA: ¿Podría mencionar algunos de aquellos dirigentes latinoamericanos que vinieron a establecer contacto con él?

RESPUESTA: Es imposible mencionarlos a todos, pero entre muchos recuerdo a los nicaragüenses Carlos Fonseca, Tomás Borge, Rodolfo Romero y el ex oficial del Ejército Somocista, Somarriba, quien encabezó un intento de lucha armada en Nicaragua —finalmente fallido y donde murieron los compañeros cubanos Omelio Hernández y Marcelo Fernández— también recuerdo a los guatemaltecos Turcios Lima, Yon Sosa, Rolando Ramírez, Pablo Monsanto, Julio Cáceres (Patojo), amigo íntimo y muy querido por el Che; los peruanos Luis de la Puente Uceda, Héctor Béjar y Javier Heraud; los peronistas William Cooke y Alicia Eguren; los colombianos Fabio Vázquez (quien sería jefe del Ejército de Liberación Nacional), el dirigente guerrillero liberal Franco, los hermanos La Rota (fundadores en aquella época del Movimiento Obrero Estudiantil Colombiano) y el secretario general del PC de ese país, Gilberto Vieira; el secretario del PC uruguayo, Rodney Arismendi; los principales dirigentes de los partidos Socialista y Comunista chilenos, en primer lugar Salvador Allende, entonces senador de la república, y Jaime Barrios; los principales dirigentes del PC venezolano, Fabricio Ojeda; y varios dirigentes haitianos y dominicanos...

En general, todos los líderes de la izquierda y de los Partidos Comunistas del continente que pasaban por La Habana se entrevistaban con él. Hay que recordar que el Che participó en la Conferencia de Partidos Comunistas de América Latina, celebrada en Cuba en 1964.

PREGUNTA: ¿Puede decirse que desde el propio triunfo de la revolución ya empiezan a confluir la puesta en práctica de la política solidaria cubana hacia el continente, con la idea del Che de integrarse a la batalla liberadora en otros países de América Latina?

RESPUESTA: No hay que olvidarse de dos cosas: desde *La historia me absolverá* Fidel manifiesta la vocación latinoamericanista de la revolución; él mismo había participado en el bogotazo, en actividades de solidaridad con la lucha por la independencia de Puerto Rico, la soberanía de las Malvinas, la recuperación del Canal de Panamá y en la fallida expedición de Cayo Confite para derrocar al dictador dominicano Leónidas Trujillo.[1] Fidel se encuentra con un Che en quien ya existía esa misma voluntad; que venía marcado por su experiencia de la derrota del presidente Jacobo Árbenz en Guatemala, en 1954.[2] En ese país el Che conoció a muchos líderes revolucionarios del continente, que fortalecieron sus sentimientos y convicciones antiimperialistas y latinoamericanistas.

Lo otro es que antes de partir para Cuba en el *Granma*, él le planteó a Fidel que tan pronto como pudiera liberarse de sus responsabilidades con la revolución cubana, y fuera el momento más oportuno, quería tener la libertad de integrarse a la lucha revolucionaria en otro país de Latinoamérica, preferiblemente Argentina. No dejó de estar alerta ante cualquier alternativa que representara alguna perspectiva de desarrollo del combate armado revolucionado, léase Nicaragua, Venezuela, Colombia; interesado siempre en la posibilidad de que pudiera ser aceptado como participante en las luchas de otros países.

Por ejemplo, desde fecha tan temprana como 1959, el Che le envía con un emisario cubano una nota al dirigente antisomocista nicaragüense Somarriba, donde le expresaba su disposición a unirse a la lucha tan pronto la columna guerrillera lograra crear condiciones en el territorio de esa nación. Aquel intento, para dolor del Che, fracasó.

PREGUNTA: ¿Cómo concebía el Che el desarrollo y diseminación de la lucha revolucionaria en América Latina?

RESPUESTA: Su concepción, con raíz en la guerra liberadora cubana, consistía en fundar una *columna madre* integrada por revolucionarios de varios países latinoamericanos, la cual, una vez superada la etapa de sobrevivencia, fogueados los combatientes, formados los cuadros de dirección, en su fase de desarrollo y crecimiento crearía las condiciones para el desprendimiento de otras columnas y así expandir el combate a otros países del continente; sobre todo hacia aquellos que se unieran al imperialismo en el intento de derrotar la causa popular.

Según demostró la experiencia cubana, el núcleo guerrillero original, bien dirigido, era el motor chico que accionando política y militarmente echaba a andar el motor grande de las masas. En eso se basaba la concepción continental y antiimperialista del Che sobre la lucha armada revolucionaria. Es esencialmente política, militar, de masas y contradice esa interpretación reduccionista del "foco guerrillero", que se le ha adjudicado al Che. El hablaba de un foco insurreccional vinculado a las masas, no de un grupo pequeño de hombres armados que actúan divorciados del movimiento popular y en general del pueblo.

EDITORA POLITICA

Voluntarios cubanos se entrenan para misión internacionalista boliviana en San Andrés, Pinar del Río, Cuba, otoño de 1966. De izq. a der.: Joaquín, Braulio, Rolando, Urbano, Alejandro, Marcos, Benigno, Antonio, Che Guevara (Ramón), Miguel, Rubio. Buscaban impulsar la lucha revolucionaria a nivel continental.

También dijo que no podía desarrollarse la lucha guerrillera en aquellos países donde los gobiernos fueran fruto de alguna forma de consulta popular y donde no se hubieran agotado las posibilidades de lucha cívica.

Debe resaltarse una idea básica del Che: no necesariamente tienen que existir todas las condiciones para comenzar la lucha revolucionaria, la propia lucha en su desarrollo las puede ir creando.

El Che, por tanto, no es responsable de las simplificaciones de la experiencia cubana y de sus concepciones, desarrolladas, aun con las mejores intenciones, por parte de algunos revolucionarios del continente.

Pregunta: ¿En la preferencia del Che por Argentina está el origen de la guerrilla que comandó su compatriota Jorge Ricardo Masetti en 1963? ¿Cuál fue el papel del Che en ella?

Respuesta: El Che lo había conocido como periodista en la Sierra Maestra. Después de enero del 59 Masetti regresó a Cuba; cumplió algunas misiones de apoyo a la revolución en Argelia con el Frente de Liberación Nacional (FLN), así que ya había adquirido cierta experiencia combativa; cursó escuelas militares en nuestro país y entonces el Che le dio la tarea de organizar una columna guerrillera cuya misión principal era instalarse en un territorio argentino fronterizo con Bolivia, específicamente Salta, con la idea de incorporarse en cuanto se lograra un mínimo de condiciones, para dirigir desde allí el inicio de la lucha armada en Argentina. El prestó una dedicación especial a la preparación de ese destacamento, nombrado Ejército Guerrillero de los Pobres, donde irían junto a Masetti, entre otros compañeros, el cubano Hermes Peña (muerto en combate) y Alberto Castellanos, quien cayó prisionero y permaneció cuatro años en las cárceles argentinas sin que pudieran identificar su verdadera nacionalidad.

Pregunta: Cuándo Masetti partió a Salta se le denominó Segundo, ¿aludía esto al hecho de que él la encabezaría solo temporalmente?

Respuesta: Sí, porque el Primero era el Che, ese era el significado del seudónimo de Masetti. El Che quería ser el iniciador, pero Fidel logró persuadirlo de que solo ingresara a la Argentina luego de que una avanzada creara las condiciones, es decir, que no estuviera allí en la etapa más difícil y riesgosa de cualquier movimiento guerrillero, la de la sobrevivencia. En ésta, la guerrilla depende básicamente de sus propias fuerzas.

Este criterio tiene su antecedente en la política de cuadros que desarrolló Fidel en la Sierra Maestra. Siempre trató de conservar a los jefes intermedios que despuntaban como jefes de columna. Esta política se demostró justa en nuestra guerra. Fidel no quería que un cuadro de la experiencia y la estatura continental del Che se expusiera en la primera etapa de la lucha guerrillera.

Pregunta: Sin embargo, este esfuerzo contó con la solidaridad cubana.

Respuesta: Era necesario establecer previamente una base de apoyo logístico desde la parte boliviana y para eso fueron designados los cubanos Abelardo Colomé Ibarra (Furry), hoy General de Cuerpo de Ejército, y José María Martínez Tamayo (Papi), quién murió años después en la guerrilla boliviana. Ellos se trasladaron a Bolivia para recibir a Masetti y su grupo, con la ayuda de los hermanos Peredo y Rodolfo Saldaña (miembros del PC boliviano), en coordinación con un grupo de compañeros a quienes nosotros enviamos a La Paz. A la par, los esposos William Cooke y Alicia Eguren se encargaban del respaldo en la Argentina por solicitud del Che, si bien no conocían totalmente los planes, ni la eventual participación del Che en ese movimiento guerrillero.

También habría que reconocer aquí la cooperación brindada en todo momento por la dirección del FLN argelino.

Pregunta: Finalmente, la insurgencia de Masetti fue descubierta y casi todos sus miembros murieron o desaparecieron, ¿qué efecto causó en el Che tal desenlace?

Respuesta: Un efecto profundamente emocional y humano: habían caído compañeros a quienes le unían muchos años de camaradería y lucha. Según expresó más de una vez, lo perturbaba la idea de que mientras eso ocurría, él se hallaba aquí en una oficina. Cuándo en abril de 1964 se perdió el contacto con Masetti, el Che hizo todos los esfuerzos posibles por aclarar las circunstancias de aquellos sucesos, por saber si había sobrevivientes y, caso de existir, por reorganizarlos. En esos intentos tuvo la colaboración de William y Alicia; más tarde, otros amigos argentinos han seguido buscando los restos de Masetti y sus compañeros, tratando de reconstruir los acontecimientos, pero hasta ahora no se han podido hallar indicios de cuál fue la forma en que culminó aquel intento guerrillero y las circunstancias de la muerte de Masetti.

Pregunta: Por esa misma época el Che estuvo muy atento a los empeños de insurgencia en Perú. ¿Es cierto que fue este país otra de las alternativas valoradas por él antes de seleccionar Bolivia?

Respuesta: Argentina, Perú, Bolivia... todo formaba parte de su proyecto integrador para llevar adelante su estrategia de continentalizar la revolución.

Paralelamente a la Operación de Salta, un grupo de combatientes peruanos dirigidos por Alain Elías y entre quienes se encontraban Javier Heraud y Abraham Lamas, intentó comenzar en enero de 1963 la lucha armada, cuándo entraron a Perú por la zona de Puerto Maldonado, fronteriza con Bolivia. Allí murió el joven poeta peruano Javier Heraud y otros compañeros. Ellos contaron con la ayuda de varios cuadros del PC boliviano, especialmente los hermanos Peredo, quienes les proporcionaron apoyo logístico y sirvieron como guías a su Columna para ingresar desde Bolivia a Perú. Años después el ELN[3] reinicia la lucha bajo la dirección de Héctor Béjar, emergen también lás guerrillas de Luis de la Puente Uceda y Guillermo Lobatón, líderes del Movimiento de Izquierda Revolucionaria. Con todos esos dirigentes peruanos el Che sostuvo reuniones previas.

Es decir, que en Perú había cierta organización y efervescencia popular, luchas sociales, ocurría la toma de tierras dirigida por Hugo Blanco; a la vez que era atractivo para el Che porque se hallaba más cerca de Argentina. Además, en esa época, en Bolivia existía un gobierno democrático surgido de la revolución de 1952, que duró hasta 1964. Sin embargo, tanto el intento guerrillero del ELN como los del MIR, fueron destruidos, murieron Luis de la Puente Uceda (en noviembre del '65) y Lobatón (en enero del '66); Héctor Béjar ya había sido detenido en 1965 y golpeada la columna que dirigía...

Pregunta: ¿Cómo reaccionó el Che ante todos estos reveses, que evidentemente aplazaban su proyecto continental?

Respuesta: Se le veía muy impaciente. No dejó de explorar posibilidades de sumarse al combate armado en otros países, como Venezuela y Co-

TRICONTINENTAL

GRANMA

Izquierda: Manuel Piñeiro (al frente, 3° de der.) con Guevara en celebración del Primero de Mayo de 1959 en Santiago de Cuba. **Derecha**: Fidel Castro lee carta de despedida de Che en reunión para presentar al Comité Central del Partido Comunista de Cuba, 3 de octubre de 1965.

lombia. No obstante, no se dieron las condiciones favorables para recibir a un revolucionario de su talla política y militar, con las consecuencias que eso traería.

PREGUNTA: ¿Cuándo empieza a pensar en Bolivia como un escenario de batalla y no solo como una zona de apoyo? ¿Por qué se decide por este país?

RESPUESTA: En 1964 el general Barrientos dio un golpe de estado, y se abrió en Bolivia un período de intensa represión, pero también de resistencia del movimiento popular, particularmente de los mineros y los estudiantes. Desde entonces el Che comienza a observar el desarrollo de los acontecimientos. Dos años más tarde, estando en Tanzania, el Che decide enviar a Papi a Bolivia para evaluar la situación. Se confirma el criterio de que esa era la única opción disponible, en el sentido de que existían condiciones políticas mínimas y cuadros bolivianos con experiencia, quienes habían tomado parte en la ayuda a Masetti y a los guerrilleros peruanos, o sea, eran gente fogueada y con una disposición político-ideológica a la solidaridad con cualquier movimiento revolucionario que se gestara en el área.

PREGUNTA: ¿Cómo se perfilaba en el proyecto boliviano del Che su estrategia continental?

RESPUESTA: En su perspectiva, esa guerrilla debía resultar una escuela de formación de cuadros latinoamericanos, sobre todo del Cono Sur —entre ellos argentinos— que propiciara extender la lucha armada a otros países fronterizos. A la vez, le permitiría a él acumular fuerzas políticas y militares y esperar por la ocasión más oportuna para continuar hacia su país natal.

Ello dependería del desarrollo y crecimiento de la *columna madre* asentada en Bolivia. Sin ella, no era posible seguir hacia Argentina, donde también se había instalado una sanguinaria dictadura militar, apoyada por Estados Unidos y repudiada por los sectores más combativos del pueblo argentino.

De una manera realista, el Che analizó que si a partir de Bolivia surgían y evolucionaban otras columnas guerrilleras, conformadas por combatientes de diversas naciones del Cono Sur, esto provocaría como reacción una alianza entre los gobiernos y los ejércitos de los países fronterizos, apoyados por el imperialismo. Ello contribuiría a la propagación de la lucha armada revolucionaria en la región, la cual se tornaría un escenario de cruentas, largas y difíciles batallas que más tarde o temprano llevarían a la intervención yanqui. Ese sería, por tanto, otro de los Vietnam a los que él convocó en su histórico *Mensaje a los pueblos del mundo a través de Tricontinental*.[4]

PREGUNTA: ¿Pertenecen enteramente al Che la idea original y el plan para Bolivia?

RESPUESTA: Sí, la elección del lugar, los combatientes, el diseño y preparación de dicho plan, todo fue concebido por él. Lógicamente, Fidel ofreció todo el apoyo y la cooperación posibles. Nuevamente planteó que el Che no fuera en la avanzada, sino cuándo esta ya se hubiera instalado y creado un mínimo de condiciones: la logística, el armamento, las redes urbanas de apoyo y la incorporación de algunos cuadros latinoamericanos, en particular los bolivianos, así como que estos hubieran alcanzado conocimientos, adaptación al terreno, en fin, que la guerrilla hubiera superado la etapa de sobrevivencia. Pero el Che ya estaba deseoso de comenzar la lucha, sobre todo en un país como ese, vecino de aquel adonde deseaba llevar la batalla revolucionaria, Argentina.

Además, desde el punto de vista sicológico se sentía muy apremiado por el paso de los años. El sabía como nadie que le eran imprescindibles las condiciones físicas elementales para conducir un movimiento guerrillero; y que no le sería nada fácil la tarea de desarrollarlo en aquella coyuntura de América Latina, con Estados Unidos desplegando la desmovilizadora Alianza para el Progreso y toda una campaña contrainsurgente de ayuda a las regímenes del área, a los que suministraba armamentos, recursos financieros y entrenamiento a sus ejércitos. Querían evitar a toda costa la propagación del ejemplo de la revolución cubana.

Pregunta: Se ha dicho que luego de la divulgación de su carta de despedida, el Che sentía que había asumido el compromiso moral de no retornar a Cuba o volver a ocupar un cargo visible en la dirección de la revolución...

Respuesta: En mi opinión, con carta de despedida o sin ella el plan del Che era inamovible. Estaba decidido a cumplir con lo que él había diseñado como su objetivo histórico y estratégico: continentalizar la lucha antiimperialista.

Pregunta: Si descontamos a Ciro Bustos, solo quedaba otra argentina, Tania, ¿a qué piensa que se debió la casi insignificante presencia de argentinos en la guerrilla boliviana?

Respuesta: Bustos era un enlace que poseía una serie de vínculos y relaciones, transmitidas por el Che, para que contactara con argentinos de distintas organizaciones y los trasladara a la zona donde él operaba en Bolivia. Al caer preso Bustos y convertirse en un delator —ofreciendo datos y dibujos identificativos del Che y los guerrilleros— se "congela" Argentina. Recuerden también que al descubrir el ejército la base guerrillera, todo el plan se desencadena de forma precipitada; la guerrilla tiene que moverse constantemente, y en esa etapa se hace muy difícil mantener los contactos con la base urbana y con el exterior.

Yo pienso que de no haber ocurrido eso, al conocer la presencia del Che en Bolivia, muchos cuadros y combatientes de las diversas fuerzas revolucionarias en el continente hubieran buscado el modo de acercarse y participar. La convocatoria del Che ejercía una gran influencia en muchos revolucionarios dentro y fuera de Latinoamérica.

Pregunta: ¿Qué consideraciones le merece la versión difundida en el mundo, respecto a que la dirigencia política cubana abandonó al Che en Bolivia y no le ofreció el apoyo necesario para el éxito de su operación?

Respuesta: Desde el mismo comienzo de la revolución cubana —y mucho antes, desde nuestras primeras guerras de independencia— el imperio ha practicado una estrategia de división de las fuerzas revolucionarias: primero se echó a rodar la campaña de que la desaparición de Camilo fue obra y consecuencia de las contradicciones en el interior de la dirección revolucionaria;[5] después hablaron de supuestas divergencias entre Raúl y Fidel; y luego entre Fidel y el Che. Así, montaron toda una campaña de desinformación que dura hasta nuestros días para tratar de generar confusión no solo en Cuba, sino en el movimiento revolucionario latinoamericano y mundial, y en la opinión pública internacional. Uno de los ejes de esas campañas es este supuesto abandono a la guerrilla del Che, que se basa en el cuestionamiento del porqué no le mandamos un refuerzo militar para apoyarlo y ayudarlo a romper el cerco del ejército boliviano.

Cualquiera que conozca las leyes de una guerrilla sabe que, en la fase inicial y más difícil, la columna está obligada a desplazarse constantemente para evitar las emboscadas del ejército enemigo, máxime si está en desventaja con éste. En esa fase la guerrilla depende de sus propias fuerzas, y del respaldo que puedan brindarle las redes urbanas, las cuales en aquel momento ya habían sido golpeadas. Por tanto, no era fácil enviar —como dicen— un refuerzo militar. Eso es pura fantasía.

Pregunta: ¿Y también es una fantasía la comparación que se ha hecho entre la supuesta falta de apoyo al Che y los exitosos esfuerzos cubanos por sacar de Venezuela a los oficiales que se encontraban allí?[6]

Respuesta: Con absoluto conocimiento y responsabilidad afirmo que en Venezuela el Partido Comunista, el MIR [Movimiento de Izquierda Revolucionaria] y otras fuerzas revolucionarias (aunque habían sufrido algunas derrotas) conservaban estructuras clandestinas y recursos operativos que facilitaron la organización paciente y minuciosa de la operación de salida de esos compañeros. Esas circunstancias no concurrían en Bolivia.

Pregunta: Regresando al año 1965, usted estuvo muy ligado a los preparativos de la misión internacionalista cubana en el Congo, dirigida por el Che en ese año. ¿A su juicio, qué representó para él esta etapa, en relación con su plan estratégico final?

Respuesta: En ese entonces, aunque ciertamente se evidenciaba un auge revolucionario a nivel mundial, encabezado por el heroico pueblo vietnamita, y al calor de la revolución cubana, aún no existían condiciones mínimas para que el Che pudiera materializar su plan en Latinoamérica. Ante esto, y ante la solicitud de ayuda que había formulado a Cuba a través del Che, la dirección del Consejo Supremo de la revolución del Congo, Fidel le propone como lo más útil ponerse al frente del grupo de asesores militares cubanos que marcharían a ese país africano, de modo que esto le permitiera ganar tiempo acopiando experiencia, fogueándose nuevamente, al igual que preparando a algunos de los cuadros y combatientes cubanos que lo acompañarían más tarde a Bolivia.

El Che asume la etapa del Congo como un escalón, una fase intermedia para prepararse con vistas a su meta definitiva y aguardar a que la evolución de los acontecimientos en América Latina crearan condiciones políticas favorables para llevar a cabo sus planes estratégicos. Tanto es así, que en el momento de la salida del Congo el Che les pregunta a Harry Villegas, a Carlos Coello y a José María Martínez Tamayo, si estaban dispuestos a continuar la lucha junto a él en otro país, una lucha que sería larga, compleja y difícil. Estos compañeros formarían parte posteriormente de la guerrilla boliviana con los seudónimos Pombo, Tuma y Ricardo.

Pregunta: ¿Cuál fue la participación del Viceministerio que usted dirigía en las delicadas operaciones para trasladar al Che y sus compañeros a África, luego regresar a Cuba y más tarde salir hacia Bolivia?

Respuesta: Nuestro organismo tuvo a su cargo toda la preparación técnica y operativa para la misión del Congo, la documentación, los itinerarios de viaje, las leyendas. A partir de nuestra embajada en Tanzania, constituimos un grupo de apoyo encargado de la búsqueda de información y de la cooperación en el traslado de la logística desde ese país a la base del Che en el Congo; al entrenamiento de los radistas, así como otras formas de enlace y comunicaciones con el Che.

A partir de la orientación de Fidel, el Viceministerio Técnico del MININT respaldó al Che en todo cuanto él solicitaba en relación con la misión futura en Bolivia. Trabajamos en el aseguramiento de la documentación, la falsificación de pasaportes, las informaciones que él pedía sobre determinadas situaciones en el país de destino, el entrenamiento en distintas especialidades (comunicaciones, métodos conspirativos).

Todos los detalles técnicos fueron elaborados por nuestro oficiales, pero cada paso era analizado y aprobado por el Che: las vías escogidas y quiénes tomarían por ellas; cómo pasar inadvertidos por los aeropuertos, las características de éstos y de las fronteras, el grado de control migratorio, cuáles eran las horas y los días en los que había menos vigilancia de las autoridades. Para esto se realizó un estudio previo de la situación operativa, fronteriza y migratoria, y de los métodos aplicados por la contrainteligencia de los países por donde transitarían el Che y los demás combatientes.

Algún día, en el momento oportuno y conveniente, habrá que contar con más detalles esta historia y reconocer a todos esos compañeros que trabajaron en aquellas operaciones, en las que no hubo una sola falla. Hacia África se movieron más de 140 cubanos y más de 20 para Bolivia, sin ser detectados por los órganos de espionaje yanqui, ni por los aparatos de seguridad de los países por donde transitaron. Se laboró con mucha meticulosidad, profesionalismo, compartimentación y sobre todo con una gran motivación por tratarse del Che y de quienes lo acompañaban.

Vivimos entonces días de mucha tensión; hablo por todo el equipo encargado de estas tareas. Sabíamos que un error de cualquier índole podía costar la vida de algún integrante de la misión. Eran horas de permanente vigilia y angustia hasta que recibíamos las señales que confirmaban la llegada del Che y del resto del grupo a sus lugares de destino. Nunca olvidaré aquellos momentos, ni a ninguno de los compañeros que cumplieron anónimamente esa difícil tarea internacionalista.

PREGUNTA: ¿Cuál era el estado de ánimo del Che en los meses entre su regreso del Congo y su partida hacia Bolivia? El venía de una derrota africana...

RESPUESTA: Bueno, una derrota cuyas causas explicó, haciéndose además una autocrítica, como era propio de su personalidad, de su ética. Pero siempre hay que recordar que él fue a allí a trasmitir su experiencia y a asesorar, no a dirigir esa guerra de liberación nacional. Ya en el lugar chocó con las tradiciones culturales y religiosas, las contradicciones entre los dirigentes congoleños, la falta de experiencia combativa, una situación muy conflictiva sobre todo para la mentalidad de nuestros combatientes, que eran gente fogueada, con experiencia de lucha y querían no solo asesorar sino participar en el combate directo contra el enemigo. No fue fácil, lógicamente.

Por ello, el Che se incorporó directamente a las acciones combativas y estuvo dispuesto a llegar hasta las últimas consecuencias de sus actos. Sin embargo, las decisiones tomadas por la dirección congolesa y por los gobiernos africanos, crearon una coyuntura donde no había otra alternativa que organizar su salida del Congo y la de otros muchos compañeros.

Respecto al estado moral del Che antes de salir hacia Bolivia, parecía un muchacho con juguete nuevo. Estaba eufórico, feliz porque se hallaba con el grupo que él había elegido y ya se habían entrenado. Se mostraba muy fraterno con los compañeros, aunque también muy disciplinado y exigente. Practicaban un plan riguroso de preparación física, militar y sicológica; lectura de documentos sobre el país; aprendizaje del quechua, clases de matemática —se preocupaba mucho por la superación cultural de los combatientes subordinados a él.

PREGUNTA: En abril de 1967, estando ya el Che en Bolivia, se publicó en un suplemento de nuestra revista su "Mensaje a los Pueblos del Mundo". Sin embargo, según algunas versiones éste no fue escrito en ese país sino en Cuba. ¿Qué información puede ofrecemos acerca de esto?

RESPUESTA: Creo que efectivamente fue así, que lo escribió cuándo se encontraba en el campo de entrenamiento en la provincia de Pinar del Río, antes de su salida para Bolivia en noviembre de 1966.

PREGUNTA: Resulta notorio que habiéndole dedicado él tantos esfuerzos intelectuales y prácticos al internacionalismo, no haya asistido a la histórica Conferencia de Solidaridad de los Pueblos de Asia, África y América Latina, en enero de 1966. ¿Cuál sería el motivo?

RESPUESTA: No pudo asistir porque cuándo se efectuó la Conferencia Tricontinental él estaba en Tanzania. Pero allí recibió todos los materiales y una valoración de la reunión.

PREGUNTA: ¿Qué impacto causó en usted la carta de despedida del Che?

RESPUESTA: Ya sabía de ella antes de que fuera leída por Fidel en la presentación del primer Comité Central del Partido Comunista, en octubre del '65. No obstante, cada vez que la oigo o la leo me provoca un estremecimiento y me trae muchos recuerdos tanto del Che como de sus compañeros, pues los conocí a todos y a algunos me unían estrechos lazos personales y de trabajo.

PREGUNTA: ¿Cuándo vio al Che vivo por última vez? ¿Pensó que sería la última?

RESPUESTA: Lo vi en la madrugada del día que marchaba hacia el aeropuerto para su incorporación a la lucha guerrillera en Bolivia. Fue en una casa de seguridad donde sostuvo —creo— la última conversación con Fidel. Se hallaban también Raúl Castro y Vilma Espín. En la sala había un sofá y Fidel y Che estuvieron hablando allí solos, en voz baja, un tiempo muy prolongado.

No pensé que sería esa la última vez que lo vería, aunque quienes nos comprometemos en este tipo de lucha sabemos que en ella se triunfa o se muere. Éramos muy optimistas y teníamos mucha confianza en la decisión, la voluntad y la capacidad del Che, de los cubanos que lo acompañaban y de los bolivianos que habían sido probados en otras tareas, para conseguir su objetivo y poder sortear con habilidad todos los escollos que pudieran presentársele. De hecho, la guerrilla boliviana logró realizar varias acciones militares exitosas, causándole bajas y tomando prisioneros a soldados del ejército.

El Che no sentía —como han querido atribuirle— esa cierta mística hacia la muerte, aún si se hubiera quedado solo o con un combatiente se habría esforzado por reorganizar la guerrilla y continuar la batalla. El no era un hombre que entregara su vida fácil a los enemigos y tampoco tenía vocación de mártir. La prueba está en que herido y con el fusil inutilizado, trata de escapar del cerco para reencontrarse con sus hombres. Nunca se sintió ni derrotado ni desmoralizado; sus ideas las defendía con su piel, sin importarle si le iba la vida en su empeño.

PREGUNTA: ¿El Che se despidió de usted? ¿Cómo fue la despedida?

RESPUESTA: Lo hizo en la casa de seguridad ya mencionada. contento, sonriente, ya se veía emprendiendo por fin la marcha hacia su ansiada meta.

Fue una despedida sencilla, él no era muy efusivo. Su emoción la llevaba internamente, había que saber descifrarla. Pero como siempre, la expresión de su rostro trasmitía una gran fuerza y convicción.

PREGUNTA: ¿Cómo te llegó la noticia de la muerte del Che?

RESPUESTA: Por una radiofoto que recibí el 10 de octubre, donde aparecía el cadáver del Che en la lavandería. Llamé a Fidel y él vino a mi casa. Recuerdo la cara de Fidel, dubitativo, aunque le hallara a la foto algún parecido con el Che, no estaba muy convencido de que era él. Se marchó para su casa y estando allí con la compañera Celia Sánchez le llevé una segunda radiofoto que me había llegado, la cual ya no dejaba lugar a dudas de que se trataba del Che. Ese momento quedó registrado en mi memoria como una fotografía inolvidable. En aquella habitación se hizo un gran silencio. Fidel envió a la compañera Celia a buscar a Aleida, la esposa del Che, quien se encontraba en una investigación en las montañas del Escambray, para darle personalmente la noticia. Luego llamó a otros compañeros de la dirección del Partido y comenzó a dar instrucciones acerca de cómo se debía trasmitir la información y preparar a nuestro pueblo para esa dura noticia.

Fue un impacto tremendo. Pero en estas misiones revolucionarias uno deja la vida debajo de la almohada.

PREGUNTA: ¿Cuánto tiempo después se supo que había sobrevivientes?

RESPUESTA: Al poco tiempo, cuándo Pombo, Urbano y el ahora traidor Benigno logran romper el cerco, y específicamente Inti Peredo establece contacto con algunos militantes del Partido Comunista boliviano y del ELN, quienes los llevaron hasta la frontera con Chile. Siempre recuerdo con mucho cariño el papel desempeñado por Salvador Allende, en ese año presidente del senado chileno, quien a pesar de las críticas de la derecha brindó todo su apoyo y protección a los tres sobrevivientes. El le comunicó a nuestro embajador en Francia, Baudilio Castellanos, que trasladaría a los tres sobrevivientes a Tahití. Hacia allí viajó nuestro embajador, los llevó a Francia y de ahí a Cuba.

Igualmente hay que destacar la colaboración ofrecida por los partidos Comunista y Socialista chilenos, Beatriz Allende y entre otros muchos compañeros, la del periodista Elmo Catalán, quien luego caería en combate junto a Inti Peredo, tratando de reiniciar la lucha armada en Bolivia.

PREGUNTA: Recientemente usted pudo leer el testimonio del chileno Manuel Cabieses, publicado en la revista *Liberación*, sobre la llegada del Diario del Che a Cuba. ¿Qué opinión le merece?

RESPUESTA: Es muy objetivo. Cabieses es un periodista serio y riguroso en sus análisis y trabajos periodísticos; además de un revolucionario muy consecuente; fraterno y solidario con Cuba y con los movimientos revolucionarios latinoamericanos.

Esta pregunta me hace evocar la participación de varios compañeros en la edición del *Diario* en otros idiomas: el italiano Feltrinelli, amigo de la revolución cubana y admirador del Che; el francés François Maspero; Arnaldo Orfila de Siglo XXI en México, y el equipo de la revista *Ramparts*, en Estados Unidos. También a editores de otros países que bajo la coordinación del entonces presidente del Instituto Cubano del Libro, Rolando Rodríguez, hicieron un extraordinario esfuerzo por editar el *Diario* en Cuba y en todo el mundo, antes de que los servicios secretos norteamericanos pudieran publicar, como querían, una versión apócrifa y falseada. Se ganó esa batalla.

PREGUNTA: ¿Cuáles son sus valoraciones acerca de las biografías sobre el Che aparecidas en los últimos tiempos?

RESPUESTA: Bueno, no las he leído todas, sí algunos comentarios publicados en periódicos de América Latina, donde en particular uno de estos biógrafos pretende presentar a un Che que solo encarna un símbolo puramente cultural, sobre todo entre la juventud, despojarlo de su mensaje político-ideológico y de su ejemplo. Algunos —porque no todos muestran un balance negativo— enfatizan en que todas las tesis económicas, políticas y militares del Che han fracasado, que han perdido vigencia y que el rumbo tomado por la revolución cubana desvirtúa sus ideales. En mi opinión, si la revolución cubana hubiera abandonado los ideales del Che, no sería como sigue siendo un bastión de las luchas populares antiimperialistas, anticapitalistas y por el socialismo, que se desarrollan en este mundo. Aún en las duras circunstancias de agresión económica, política e ideológica por parte del imperialismo, el pueblo cubano mantiene el heroísmo al que lo convocó el Che y lo convoca todos los días Fidel, al que llamó su "maestro y guía".

La demostración de que los ideales, el pensamiento, la acción y el ejemplo del Che no han fracasado y que trascienden con una proyección de futuro, es que cada día hay un interés creciente y consciente en Cuba y el mundo por estudiar su obra e interpretarla, recuperando la esencia de sus ideas y tomando en cuenta las diferencias entre su momento histórico y éste.

En muchos países, las sociedades de consumo han querido convertirlo en una mercancía, sin embargo, la fuerza paradigmática del Che se impone por encima de estas intenciones, para intranquilidad de los triunfalistas neoliberales y los poderosos de este mundo.

Intentar reducirlo a un símbolo cultural es una vulgar simplificación. No creo que la atracción y la solidaridad que su figura concita hoy día en la juventud mundial, dentro del movimiento revolucionario y en los sectores progresistas y democráticos del planeta, respondan a esa estrecha percepción del legado del Che; sino que lo ven como un hombre con una tremenda fuerza moral, muy honesto, sensible, humano, capaz de acompañar su prédica con sus actos; como un símbolo del internacionalismo, del antiimperialismo, de la solidaridad; del genuino socialismo. En fin, como un ejemplo para las actuales y futuras generaciones, que lo toman como bandera de intransigencia revolucionaria, de los valores éticos y de la justicia social.

Creo que mientras existan oprimidos y opresores, injusticias sociales, dominación imperialista y también la esperanza en un mundo justo, fraternal y solidario entre los hombres y los pueblos perdurará el pensamiento y el ejemplo del Che.

Por ello coincido con lo que afirmó Fidel el 12 de octubre de 1987, en la velada por el XX aniversario de la caída en combate del Che y sus compañeros, "el Che vive más que nunca, está más presente que nunca y es un adversario del imperialismo más poderoso que nunca".

---

1. El Bogotazo fue un levantamiento popular que tuvo lugar en Bogotá, Colombia, en 1948. Castro se encontraba en Bogotá para ayudar a organizar un congreso estudiantil latinoamericano, y participó en el levantamiento. En 1947 se organizó una expedición desde Cuba para derrocar a la dictadura de Trujillo en República Dominicana. La expedición fracasó cuándo los expedicionarios fueron dispersados por el ejército cubano en Cayo Confite. Fidel Castro era uno de los participantes.

2. Con el propósito de aplastar las luchas políticas y sociales en Guatemala que acompañaban la limitada reforma agraria iniciada por el régimen de Jacobo Árbenz, fuerzas mercenarias apoyadas por la CIA invadieron el país en 1954 para derrocar al gobierno. Árbenz rehusó armar al pueblo y renunció. Una dictadura derechista tomó el poder. Entre los que se ofrecieron como voluntarios para luchar contra el ataque organizado por los imperialistas se encontraba Guevara, quien había ido a Guatemala atraído por las crecientes luchas en ese país.

3. Ejército de Liberación Nacional de Perú.

4. En su "Mensaje a la Tricontinental", escrito en 1966, Guevara llamó a la creación de "dos, tres... muchos Vietnams".

5. Camilo Cienfuegos fue un comandante del Ejército Rebelde. Asumió el cargo de jefe del Estado Mayor en enero de 1959. Murió el 28 de octubre de 1959, cuándo su avión se perdió en alta mar.

6. En 1967 varios destacados voluntarios cubanos estaban en Venezuela, ayudando en la lucha armada contra el régimen de ese país, que contaba con el apoyo de Washington. La mayoría logró regresar a Cuba después de la derrota de la guerrilla.

'YO SOY LA HIJA DE UN INTERNACIONALISTA'

Entrevista con Aleida Guevara March

por Mario Jorge Muñoz

A continuación publicamos extractos mayores de una entrevista con Aleida Guevara March, hija de Ernesto Che Guevara. La entrevista, por Mario Jorge Muñoz, apareció en la edición del 15 de junio de 1997 de *Juventud Rebelde*, semanario de la Unión de Jóvenes Comunistas de Cuba. Reproducido con autorización.

Mi madre me educó desde muy pequeñita conociendo los ideales de mi padre, sus preocupaciones, sus ambiciones como revolucionario. Y he tratado de que mi vida siga esa línea. En su carta de despedida a nosotros, sus hijos, nos estaba pidiendo que fuéramos capaces de dominar la técnica, que permite dominar la naturaleza. Dice también que estudiáramos todo lo que pudiéramos siempre, que nunca nos cansáramos, porque ahí está la posibilidad de ayudar mejor al ser humano. Que fuéramos capaces de sufrir en nuestra propia mejilla el dolor provocado a cualquier hombre en cualquier parte. Yo soy hija de un internacionalista. Y lo menos que le puedo dar a la humanidad es eso.

BRIDGET ELTON

MARTÍN KOPPEL

Arriba: constructores cubanos voluntarios en Bluefields, Nicaragua, durante la revolución en ese país. Las misiones internacionalistas "completaron mi educación", dijo Aleida Guevara. **Derecha:** Aleida Guevara habla en conferencia sobre el legado de Che en Universidad de La Habana en octubre de 1997.

No puedo negar que hubo cierta influencia de mi papá en que yo escogiera como profesión la medicina. Él era médico. Pero pienso que fue una decisión un poco más egoísta. Cuándo voy madurando, yo deseo que me quieran por mí misma, no solamente por ser la hija de mi papá. Eso siempre lo agradezco, pero ese cariño no es por mí. Como ser humano también necesito calor y ternura.

La medicina es una profesión muy humana en la que si te comportas adecuadamente, puedes recibir montones de agradecimientos. Como pediatra recibo a diario algo mejor, la sonrisa de los niños. Y eso no lo paga ningún oro del mundo. Esa sensación de sentir que estás haciendo bien y de que esa gente te quiere porque

Publicado en inglés en el *Militant*, vol. 61, no. 43, 8 de diciembre de 1997.

eres su médico, no importa de quién seas hijo, es indescriptible. Pienso que esa fue la razón decisiva para que escogiera esta profesión.

Mis misiones internacionalistas como médico fueron dos experiencias tremendas, completaron mi educación, sobre todo porque me confirmaron que para nosotros el único camino posible es el socialismo. Después que viví un año en Nicaragua y dos en Angola, pienso que si en Cuba desapareciera el socialismo se perdería todo y nos convertiríamos en lo que son hoy Nicaragua, Guatemala, El Salvador, o lo que es África.

Hay personas que me han mirado de una forma diferente y trataban de ser dulces, tiernas y cariñosas con nosotros, porque nuestro padre no estaba. No iba a estar más. Y ellos se sentían comprometidos con él a darnos todo lo que pudieran humanamente. A veces, malcriándonos un poco también. Otros se sintieron comprometidos con lograr que nosotros, los hijos, fuéramos mejores cada día. En ocasiones nos llevaban contra la pared. Sin darse cuenta que éramos muchachos normales y corrientes.

Era menor la porción de personas que realmente nos trataba como seres humanos simples, accidentes genéticos de un hombre extraordinario y de una mujer lindísima. Pero nada más.

Y aprendí a saber que cualquiera de estas manifestaciones eran parte del respeto y la admiración de este pueblo y de esa gente a mi padre. O sea, yo los recibía por ser una prolongación de él. La gente volcaba esa preocupación, ese amor, esa exigencia en sus hijos. Pero siempre eran manifestaciones de amor. Pocas veces he sentido otra cosa.

Creo que por eso me gusta tanto la canción de Ana Belén, "Derroche". Porque yo toda mi vida he recibido un derroche de amor. Simplemente desde que nací, sin hacer nada para merecerla, he sentido una ternura tremenda del pueblo cubano. La gente me conoce por ser la hija de ese hombre extraordinario. Eso es un poco fuerte para una persona, pero siempre he sentido la parte hermosa.

Un día, conversando con mi hermano Camilo, yo le decía cuánto podríamos aprender, cuánto podríamos discutir, cuántas cosas nos podría aclarar nuestro padre. Camilo me miró y me dijo: "Sí estuviera vivo no fuera nuestro padre".

Y tenía razón. Porque si hubiera triunfado en Bolivia seguramente hubiera seguido hacia el sur, que era su objetivo. Porque nunca renunció a ser argentino. Y el norte de Argentina lo esperaba. Yo estoy consciente de eso. Lo que pasa es que me da genio, me duele que un hombre con la capacidad de pensamiento y de acción de mi padre haya muerto tan joven. Yo pienso que hubiera sido de mucha utilidad en Cuba.

Hace unos días discutía con un francés. Él me decía que si el ejemplo de mi padre hubiera sido útil, en el mundo existirían muchos hombres como el Che y él no conocía a ninguno. Le contesté que ni él ni yo teníamos la capacidad para decir que en el mundo no hubiesen miles de Che. Pero además que no olvidara que Ernesto Guevara se había encontrado con un Fidel Castro, con un grupo de hombres decididos a hacer una revolución real. Que Che Guevara había tenido la oportunidad de estar con el pueblo cubano, y que ese pueblo lo había apoyado hasta las últimas consecuencias para que él pudiera llevar a cabo su sueño. Entonces le dije que quizás haya miles de Che en el mundo, pero no han tenido la oportunidad de manifestarse.

Es muy interesante, por ejemplo, ver a los jóvenes en Italia, que no tienen nada que ver con mi papá, o la gente en España, preocupadas por conocer de mi padre directamente de nosotros. Eso es un signo de que realmente en el mundo hay gente con muchos deseos de hacer algo más, de no quedarse atrapados en la sociedad de consumo y tratar de ayudar a sus semejantes. Para mí es un estímulo tremendo.

Pienso que el Che es una bandera en el mundo, una bandera para la dignidad, para la fuerza, para la valentía. Y que sea la imagen que presida el XIV Festival Mundial de la Juventud y los Estudiantes es algo que como persona él se ha ganado, porque desgraciadamente murió siendo un hombre joven, 39 años, y seguirá siéndolo eternamente.

Si realmente lo podemos conocer más y llevarlo un poco adentro, entonces ese joven que nos entregó un ejemplo tan completo del hombre del siglo XXI, cumplió su objetivo fundamental en la vida. Porque seríamos capaces de ser hombres mejores, los hombres que él quería para el mañana. Y por tanto la sociedad, la humanidad, viviría mucho mejor.

'URBANO' HABLA DE SUS EXPERIENCIAS CON CHE EN BOLIVIA
Entrevista con Leonardo Tamayo

A continuación reproducimos una entrevista con Leonardo Tamayo que apareció en la revista *Tricontinental*, editada en La Habana por la Organización de Solidaridad de los Pueblos de África, Asia y América Latina (OSPAAAL), en un número especial dedicado a Ernesto Che Guevara. Siendo un joven campesino en la Sierra Maestra de Cuba, Tamayo se incorporó al Ejército Rebelde en 1957 y participó en la columna de Guevara. Combatió junto a Che usando el nombre de guerra Urbano, y más adelante cumplió misiones internacionalistas en Nicaragua y Angola. Reproducido con autorización. Las notas son del *Militant*.

Leonardo Tamayo (*Urbano* en la guerrilla de Bolivia) es uno de los tres sobrevivientes cubanos que tras la caída del Che lograron regresar a la isla. Este hombre conoció al Guerrillero Heroico cuándo con 15 años se incorporó al Ejército Rebelde en la Sierra Maestra y se mantuvo después de 1959 como escolta y ayudante de su jefe; luego, desde noviembre de 1966 hasta octubre de 1967 participó en la epopeya boliviana.

GRANMA

MILITANT/RUSSELL JOHNSON

Arriba: sobrevivientes cubanos de la campaña boliviana son entrevistados por el diario cubano *Granma*, 1 de octubre de 1969. De izq. a der.: Urbano, Harry Villegas (Pombo) y Dariel Alarcón (Benigno). **Derecha:** Leonardo Tamayo habla en la Universidad de Auckland, Nueva Zelanda, junio de 1996.

El periodista José Mayo recoge en una larga y enjundiosa entrevista el testimonio de Leonardo Tamayo en el libro *Con el Che en Cuba y Bolivia,* actualmente en preparación por la editorial cubana Capitán San Luis. De dicho libro reproducimos cuatro momentos en los que Urbano fue testigo de excepción: la primera vez que habló con el Comandante Guevara; el diálogo entre éste y Mario Monje, la toma del cuartel de Samaipata y la noticia del asesinato del Che.

El primer encuentro

Por otros guerrilleros de origen campesino, a quienes conocía de la Sierra Maestra, empecé a saber de la audacia y el valor en los combates del argentino Ernesto Guevara, expedicionario del yate *Granma,*[1] a quien por su característica forma de hablar lo llamaban el Che. Los rebeldes decían que el Che era un cojonudo

Publicado en inglés en el *Militant,* vol. 61, no. 44, 15 de diciembre de 1997.

porque se enfrentaba al enemigo de pie sin temor a las balas. Un día yo le pregunté por qué combatía de pie pues era más peligroso, y él me contestó que una vez había sido herido en un pie, y si hubiera estado acostado la bala le habría dado en la cabeza. Esto me lo dijo meses después de que yo integrara la escuadra de la comandancia en la Columna No. 4.

Lo que yo oía decir del Che me hizo imaginarlo como un héroe de leyenda, y por eso quería estar junto a él en los combates. Por tal razón hablé con Lalo Sardiñas, y le comuniqué que deseaba combatir junto al Che, y él accedió. Entonces me dirigí hacia Altos de Conrado, donde me habían dicho que estaba el Che. Cuándo lo vi por primera vez no pensé que era él, pues me lo imaginaba diferente a como era físicamente. En ese momento estaba bastante delgado y fumaba en una pipa. Como algunos me habían informado que el Che era poco conversador decidí no hablar con él. Ya había sido nombrado comandante por Fidel, y jefe de la Columna No. 4. Al primero de los hombres que estaban bajo las órdenes directas del Che que encontré en Altos de Conrado fue a Hugo del Río, quien después de saber que había estado con Lalo Sardiñas me llevó ante la presencia del Che, quien al verme me preguntó: "¿Y vos qué venís a hacer aquí?"

La entrevista del Che y Monje

Poco después de habernos establecido en este lugar (Campamento Central, a 8 kilómetros de la finca de Ñacahuazú) se produjo el 31 de diciembre de 1966 la entrevista entre el Che y Mario Monje, secretario general del Partido Comunista Boliviano, en el Campamento Uno. Junto al Che estábamos Guido Peredo, Coello, René Martínez Tamayo y yo. Cuándo Monje vio al Che le dijo: "Coño, Che, qué flaco estás".

Y el Che le respondió: "Coño, Monje, qué barrigón estás".

Este fue el saludo de ambos. Largo rato estuvieron hablando de diferentes cuestiones hasta que comenzaron a hablar de la lucha armada en Bolivia.

La última parte de la conversación la grabé en la memoria como si lo hubiera hecho en una cinta magnetofónica.

El Che le dijo a Monje:

"Bueno, Monje, ha llegado la hora que tanto esperamos. A ti te toca jugar un papel en la historia de la liberación de Bolivia. Serás el segundo jefe de la guerrilla y el político".

Este le contestó al Che: "Mira, Che, yo no permito que ningún extranjero dirija la lucha armada en mi país. Hay que entregarme el poder militar y político. Tu podrás ser mi asesor".

La reacción del Che no se hizo esperar: "Mira, Monje, a mí no me gusta el papel de asesor en esta lucha porque considero que esto representa un poco rehuir responsabilidades, y a mí nunca me ha gustado hacer esto".

Monje volvió a ripostar al Che: "Che, si fuera en otro país hasta te cargaría la mochila, pero en mi país no puedo permitir que un extranjero dirija la lucha armada".

El Che, con palabra firme y decidida, emplazó a Monje: "Monje, eso es un falso concepto del internacionalismo, es igual que si yo me encontrara en Argentina en las condiciones que tú estás conmigo, y llegara Fidel. Inmediatamente me subordinaría a él porque sabe más que yo".

Monje, con gesto prepotente, dijo: "Che, ni aunque venga Lenin le entrego el mando".

Che, en tono sarcástico le preguntó: "¿Y si llega Malinovski?"[2]

Monje se mantuvo callado durante unos minutos, y de pronto señaló: "Che, tú sabes que la CIA es poderosa, y en un momento determinado puede infiltrar a un agente, e inmediatamente se darían cuenta de que no soy el jefe, sino un monigote".

Por último, el Che, al comprender el ansia de poder de Monje le dijo: "Mira, Monje, si esto es lo que te preocupa, yo te prometo levantarme todos los días bien temprano, cuadrarme ante ti y decirte: jefe, deme las órdenes que hay que cumplir en el día, y con eso dejamos complacidos a la gente de la CIA".

La entrevista duró varias horas pero no llegaron a ningún acuerdo. Monje le pidió al Che que le otorgara tiempo para pensar lo que habían hablado, y el Che accedió. Entonces el Che invitó a Monje a trasladarse junto con él al Campamento Central para comer una típica cena cubana. Al finalizar la comida, Monje solicitó al Che que le permitiera reunirse con los bolivianos que estaban en la guerrilla. Uno de ellos, Lorgio Vaca Marchetti abandonó esa reunión, y le dijo al Che que a Monje había que fusilarlo porque los amenazó con expulsarlos del Partido Comunista boliviano, y no ofrecer ningún tipo de ayuda económica a sus familiares si no abandonaban la guerrilla. En esa reunión le salieron al paso a Monje varios bolivianos, entre ellos, los hermanos Peredo Leigue.

Al día siguiente Monje se marchó del Campamento Central, y no lo vimos más. El Che se reunió con todos los guerrilleros, y les explicó que la actitud negativa de Monje no iba a frustrar la lucha armada en Bolivia.

En Samaipata, Cochabamba, ocuparon el cuartel del ejército boliviano[3]

En esta acción tomaron parte Ricardo, Pacho, Coco, Ernesto (Freddy Maymura Hurtado), Julio (Mario Gutiérrez Ardays), y el Chino (Juan Pablo Chang Navarro). En las cercanías de Samaipata tomaron un camión para dirigirse a allí, y al llegar observaron que el jefe del cuartel, un teniente del ejército boliviano, estaba sentado en el parque del poblado. Detuvieron a este oficial, y con él se dirigieron Ricardo, Pacho y Coco al cuartel, donde estaban diez soldados. Los otros guerrilleros fueron a comprar víveres y medicinas. Cuándo llegaron ante la puerta del cuartel, que se hallaba cerrada, el teniente dijo la seña y contraseña. Tan pronto se abrió la puerta del cuartel entraron los tres guerrilleros, y ordenaron que nadie se moviera. Un soldado trató de disparar pero Pacho lo fulminó con una descarga de fusil. Ellos se llevaron todas las armas del cuartel, y montaron a todos los soldados en el camión. En las afueras del poblado los dejaron en calzoncillos para que retornaran a Samaipata. Aunque el Che estuvo de acuerdo con esa acción, censuró a quienes participaron en la misma por no haber traído los víveres necesarios ni tampoco los medicamentos, entre ellos, lo que él necesitaba para su asma, que la padecía desde hacía varios días. Después conocimos que la gente del poblado se burló de los soldados cuándo los vieron aparecer en paños menores. En esos días, por la radio, el jefe del régimen militar boliviano anunció que el Che estaba al frente de la guerrilla, y que estaba en ejecución una ofensiva por parte del ejército para liquidar a los guerrilleros. A partir de entonces se recrudeció la persecución del ejército contra la guerrilla.

Sobre el último desencuentro[4]

Presentíamos que iban a asesinar al Che como lo habían hecho con otros guerrilleros capturados, porque el Che vivo era una gran amenaza para los imperialistas y sus aliados, y si era juzgado se iba a convertir de acusado en acusador de los enemigos de los pueblos latinoamericanos. Ese mismo día escuchamos por la noche a través de varias emisoras bolivianas que el Che había muerto en combate. Todos comprendimos que lo había asesinado el ejército boliviano cumpliendo órdenes de la Agencia Central de Inteligencia (CIA), pero ninguno se imaginó que el crimen se había cometido en La Higuera, porque si hubiéramos conocido que el Che estaba allí no habríamos titubeado en tratar de rescatarlo aunque la acción fuera suicida.

---

1. *Granma* fue el yate en el que Fidel Castro, Guevara y otros 80 miembros del Movimiento 26 de Julio fueron a Cuba en noviembre–diciembre de 1956 para iniciar la guerra revolucionaria contra la dictadura de Batista.

2. El general Rodion Malinovsky era el ministro de defensa soviético y comandante de sus fuerzas terrestres.

3. El 6 de julio de 1967, una escuadra guerrillera capturó y ocupó brevemente Samaipata, capital de la provincia de Florida en Bolivia, lo cual causó un revuelo internacional.

4. Guevara cayó herido y fue capturado el 8 de octubre de 1967. El gobierno boliviano, luego de consultar con Washington, ordenó su ejecución, que se realizó el día siguiente en la escuelita de La Higuera. Desconociendo la suerte de Guevara, Urbano y los otros cinco combatientes guerrilleros habían estado cerca de la escuelita la noche del 8 de octubre.

CHE EN EL CONGO: 'RETORNO INTERNACIONALISTA A NUESTRAS RAÍCES'

por Ernesto Montero Acuña

El siguiente artículo apareció en la edición del 20 de noviembre de 1995 de *Trabajadores*, semanario de la Central de Trabajadores de Cuba, informando sobre una conferencia recién concluida. Las notas son del *Militant*.

Cincuenta de los 370 internacionalistas cubanos integrantes de las dos columnas encabezadas por el Che, hacia fines del año 1965 en las actuales repúblicas africanas de Zaire[1] y el Congo, protagonizaron este sábado, en la Casa Central de las FAR [Fuerzas Armadas Revolucionarias], una extensa rememoración reflexiva sobre aquellos acontecimientos. Al concluirla, el general de división Néstor López Cuba explicó el papel actual de las FAR y dijo que "la misión de hoy es contra el Período Especial[2], pero sin debilitar la defensa". Muchos fueron los hitos de este retorno internacionalista a nuestras raíces.

TRICONTINENTAL

Che Guevara **(der.)** con otros combatientes cubanos en el Congo, 1965.

Como un pueblo latinoafricano nos calificó Fidel al resumir en 1975 el Primer Congreso del Partido en la Plaza de la Revolución, mientras explicaba las razones de la misión internacionalista cubana en la recién proclamada República Popular de Angola.[3]

Veinte años después se aprecia mejor la relación de aquel hecho con nuestros orígenes y también con la presencia guerrillera del Che en el Congo. Dos columnas de experimentados combatientes cubanos plantaron semillas que luego germinaron en la tierra africana.

Ahora se cumple el trigésimo aniversario de aquella misión solidaria, iniciada el 24 de abril de 1965 por el Guerrillero Heroico en el entonces Congo Leopoldville, hoy República de Zaire, y complementada el 21 de agosto del propio año por otra columna que apoyaba al gobierno del Congo Brazzaville, actualmente República del Congo, pero a la vez lista para reforzar a la del Che.

Jorge Risquet Valdés, jefe de la dirección política máxima de esta misión, rememoró diversas cir-

Publicado en inglés en el *Militant*, vol. 61, no. 45, 22 de diciembre de 1997.

cunstancias de aquellos hechos, junto con varios de los 50 participantes en el conversatorio con que se conmemoró este sábado, en la Casa Central de los FAR, el treintenario de aquel aporte solidario a la lucha del África negra contra la opresión colonial y neocolonial, concebido por el Che y la dirección revolucionaria cubana.

También el general de brigada Harry Villegas, Héroe de la República de Cuba y combatiente internacionalista de la Columna Uno en el Congo y de la guerrilla boliviana, explicó las condiciones adversas que debieron enfrentar en un medio poco conocido, con diferencias étnico-culturales, pobre desarrollo y atraso profundo.

Para el actual miembro de la dirección del Ejército Occidental aquella misión, concluida el 21 de noviembre de 1965, fue efectiva en un tiempo tan corto, contribuyó al mejoramiento de la atención médica brindada por los cubanos a la población adulta y a los niños y fue importante por su contribución al acercamiento mutuo.

En un conversatorio propicio para la rememoración reflexiva, Jorge Risquet recordó que fue en Brazzaville donde, a principios de 1965, el Che sostuvo "una entrevista con la dirección del MPLA encabezada por Agostinho Neto", en la cual surgiría el compromiso, "a solicitud de los patriotas angolanos", de ayudar a este movimiento guerrillero contra el colonialismo portugués, lo que condujo a una prolongado y profundo cooperación internacionalista.

El miembro del Comité Central del Partido Comunista de Cuba citó pasajes del discurso del General de Ejército Raúl Castro, Ministro de las FAR, en el acto por el vigésimo aniversario de ambas columnas —la segunda de las cuales concluyó su misión en diciembre de 1966—, destacando las consecuencias del colonialismo en África y en América.

"Mucho antes de que los pobladores aborígenes fueran exterminados en las Antillas por el fuego y el látigo de los conquistadores", dijo Raúl entonces, "ya portugueses y españoles habían inaugurado el infamante negocio del tráfico de esclavos, apropiándose tanto del marfil y del caucho y otras riquezas naturales como, sobre todo, de la mayor riqueza, el hombre africano".

Destacó también en aquella ocasión cómo el Che avizoró, en un "contexto de efervescencia política y activa proyección de los pueblos africanos... la necesidad de brindar su aporte solidario a impedir la recolonización de Zaire y contribuir a la lucha armada de los pueblos de las colonias portuguesas como punto de partida para el gran y definitivo combate: la liberación del pueblo sudafricano del yugo ignominioso del apartheid y la independencia de Namibia ocupada también por los racistas blancos de Pretoria".

El Ministro de las FAR elogió, en su evaluación de aquella histórica misión, la intensa actividad combativa de ambas columnas, caracterizada por el arrojo y la disciplina de sus integrantes, y sintetizó las múltiples misiones de la Número Dos, encabezada por Jorge Risquet y por el general de brigada Rolando Kindelán Blez.

Esta última, además de constituir la reserva de la del Che para incorporársele cuándo fuera necesario y de prestar ayuda al gobierno progresista del Congo, amenazado de agresión por el régimen de Kinshasa,[4] debía apoyar al Segundo Frente guerrillero del MPLA en Cabinda, entre otras acciones. La colaboración cubano-congolesa-angolana propició las condiciones para la lucha en Angola, durante la conquista y preservación de la independencia.

"En los difíciles momentos iniciales de la segunda guerra de liberación angolana", explicó el Segundo Secretario del Partido en el aniversario 20 de estas columnas, "Brazzaville sirvió con una segura retaguardia a una parte de nuestras tropas, cuya fraternidad de armas con el MPLA —surgido precisamente en 1965— ha devenido un factor de considerable importancia en la preservación de la soberanía integridad de la República Popular de Angola".

Y precisó a continuación: "Dicho más claramente, el curso de la historia se ha encargado de confirmar... la validez de aquella misión que figura ya de modo relevante, entre los precedentes de nuestra irrenunciable vocación internacionalista y contribuyó a desbrozar el camino de las luchas de los pueblos de África, a las cuales las Fuerzas Armadas Revolucionarias de Cuba han brindado su decidido aporte".

En su valoración histórica, Raúl destacó cómo aquellos alrededor de 370 hombres se han "multiplicado por mil en el noble empeño de saldar al precio de la propia vida, si fuera necesario, nuestra deuda de gratitud con la humanidad",[5] dijo que más de 120 cumplieron otra misión internacionalista e, incluso, decenas de ellos participaron en tres, cuatro, hasta cinco misiones. De estos combatientes, más del 90 por ciento son militantes del Partido [Comunista de Cuba].

Durante el conversatorio, que estuvo presidido por los generales de división Ulises Rosales del Toro, primer sustituto del Ministro de las FAR y jefe del Estado Mayor General, y Néstor López Cuba, jefe de la Dirección Política de las FAR, se produjeron numerosas intervenciones que reflejan la trascendencia de la colaboración cubana en África.

En una muy ilustrativa, el pediatra Rodolfo Puentes Ferro explicó el papel de nuestros médicos en Brazzaville, donde la mortalidad infantil era numerosa pero se inició una labor incipiente contra la poliomielitis, fue seleccionado un centenar de jóvenes para prepararlos en Cuba y en 1977 pudo comprobar, de regreso en el Congo, que 70 de ellos eran médicos.

Cuándo la misión de los años 60, había un solo doctor autóctono en medicina, pero ahora existe uno por cada ocho mil habitantes que es lo establecido por la Organización Mundial de la Salud. Al concluir su exposición, en la que se refirió a los doctores Rodrigo Álvarez Cambras, Luis Delgada, Manuel Jaca y a otros médicos participantes en la misión, dijo que "lo más importante fue la huella que se dejó".

En contraste, Estados Unidos ordenó primero el asesinato de Patricio Lumumba[6] e invirtió luego 45 millones de dólares en el financiamiento del mercenarismo blanco en el Congo —situado en el corazón de África y con enormes riquezas minerales—, equipó con armas y aviones a las fuerzas represivas y, de hecho, promovió crímenes masivos.

El imperialismo norteamericano asumió el relevo de sus pares belga y portugués, pero no logró impedir la liberación de Angola, Namibia, Guinea-Bissau ni la derrota del apartheid en Sudáfrica, como resultado de aquellas misiones históricas de los combatientes cubanos en el Congo, encabezados por el Guerrillero Heroico.

Fue un retorno a nuestras raíces de revolucionarios latinoafricanos.

---

1. Zaire fue nombrado nuevamente República Democrática del Congo después del derrocamiento del régimen dictatorial de Mobutu Sese Seko en mayo de 1997.

2. Período Especial es el término utilizado por los cubanos para describir la crisis económica precipitada por el colapso del comercio y de la ayuda de la Unión Soviética a comienzos de los años 90.

3. Poco antes de que el gobierno angolano celebrara su independencia formal del coloniaje portugués en noviembre de 1975, tropas de Sudáfrica y Zaire invadieron el país. Ante la petición de ayuda internacionalista por el nuevo régimen encabezado por el Movimiento Popular por la Liberación de Angola, tropas cubanas se ofrecieron a luchar, haciendo retroceder la invasión. Las tropas cubanas permanecieron en Angola a lo largo de 13 años, ayudando a defender la soberanía del país contra los reiterados ataques del régimen del apartheid. Un hito histórico en África ocurrió cuándo los soldados cubanos voluntarios, junto con el ejército angolano, derrotaron a las fuerzas sudafricanas en la batalla de Cuito Cuanavale en 1988. Esta victoria aceleró un auge de lucha en Sudáfrica que al final derribó al régimen del apartheid. En 1991 se retiraron los últimos contingentes de tropas cubanas.

4. La dictadura en Congo-Leopoldville.

5. Solo en la misión internacionalista en Angola participaron más de 300 mil cubanos.

6. En enero de 1961 Patricio Lumumba, líder central del movimiento independentista del Congo, fue asesinado por fuerzas apoyadas por el imperialismo y leales al derechista Moise Tshombe.

'POMBO' HABLA SOBRE EL LIDERAZGO DE CHE EN ÁFRICA

por Harry Villegas (Pombo)

Desde abril hasta noviembre de 1965, Ernesto Che Guevara dirigió un contingente de más de 100 voluntarios cubanos en el Congo, prestando ayuda a las fuerzas revolucionarias que combatían contra el régimen proimperialista en ese país. El siguiente artículo sobre esta gesta internacionalista apareció en un número especial de la revista *Tricontinental*, editada en La Habana por la Organización de Solidaridad de los Pueblos de África, Asia y América Latina (OSPAAAL). El autor, Harry Villegas, quien combatió junto a Guevara en el Congo y más adelante en Bolivia, es hoy general de brigada en las Fuerzas Armadas Revolucionarias de Cuba. El artículo fue publicado originalmente bajo el título "Con el arma de la autoridad moral". Reproducido con autorización. Los subtítulos y las notas son del *Militant*.

Era ya el Che un hombre épico, el comandante invencible, un ejemplo, cuándo lo conocí al incorporarme al Ejército Rebelde en la Sierra Maestra. En esas cualidades residía la gran atracción que ejercía sobre los jóvenes que estábamos allí.

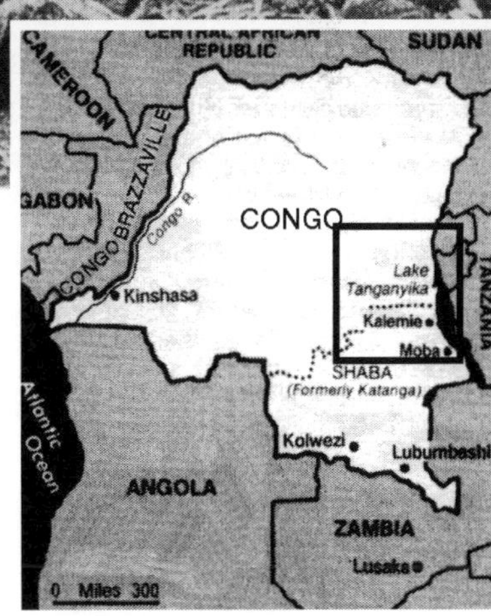

TRICONTINENTAL

Combatientes cubanos en el Congo, 1965. **Arriba:** Harry Villegas (Pombo), de pie a la derecha, con Che Guevara sentado a su izquierda. El detalle en el mapa indica la ubicación aproximada de la columna de Che.

Quienes hemos combatido y trabajado a su lado, primero en Cuba, luego en África y en Bolivia, siempre nos referimos a un Che exigente y estricto, para quien la disciplina era algo fundamental, pero una disciplina consciente, que el hombre la interiorizara. Esto, que tenía un alto sentido político para él, comenzaba por autoaplicárselo, y desempeñaría un papel importante en los combates en el Congo.

En 1965, a su regreso del periplo por África, ya el Che traía la convicción de haber cumplido su parte con nosotros los cubanos,[1] quería continuar su misión en "otras tierras del mundo" y estaba decidido a marcharse. Aunque su objetivo no era entonces ese continente sino América. Como una manera de realizar su deseo de ayudar a otros pueblos accede a la propuesta de integrarse, de modo tran-

Publicado en inglés en el *Militant*, vol. 61, no. 46, 29 de diciembre de 1997.

sitorio, a la lucha en el Congo-Leopoldville y ponerse al frente del grupo de militares cubanos que la apoyarían allí; entre ellos Víctor Dreke (*Moya*) y José María Martínez Tamayo (*Mbili*) ocupaban también altas responsabilidades.

Fidel fue consecuente con el acuerdo al cual había llegado con el Che en México, respecto a dejarlo irse de Cuba cuándo él lo deseara, independientemente de las circunstancias económicas, políticas y revolucionarias que existieran.[2] Pero además, fue profundamente humano y trató de retribuirle en alguna medida todo cuanto el Che había hecho por Cuba. Fidel se planteó cumplir ese compromiso moral dándole seguridad, cuidando que en cada lugar no estuviera solo y contara con el apoyo de los cubanos. Por eso también nos encontrábamos muchos de nosotros allí, de forma voluntaria, pagando de un modo u otro nuestra deuda con la humanidad.

¿Y qué era aquel continente cuándo nosotros llegamos?

Al grupo le fue difícil, prácticamente imposible, asimilar aquel estadío social; era para nosotros un choque demasiado fuerte de costumbres, agravado por el deficiente nivel cultural que teníamos la mayoría, aunque a decir verdad, tampoco les fue fácil a los pocos que contaban con nivel superior.

Era una mezcla de comunidad primitiva con feudalismo, esclavitud, matriarcado. La mujer garantizaba el sustento familiar; cultivaba la tierra, con el hijo cargado a la espalda, mientras el hombre se mantenía en la casa. Y nosotros éramos muy machistas, no estábamos habituados a eso, no lo entendíamos y nos resistíamos.

Estaban también los problemas religiosos, la famosa *dawa*, el fetiche, con diferentes formas y rituales en cada zona, en cada tribu. Cuándo por ejemplo uno decía "Voy a comer chivo", nos advertían, "no, el chivo es sagrado". Pero teníamos que comérnoslo y tratar de que nos comprendieran, algo engorroso para ellos. Así terminaron por concluir que nosotros teníamos una *dawa* universal, más fuerte que la de ellos, la cual nos inmunizaba para siempre, y por eso quien nos lo había hecho, Fidel Castro, era el mejor *muganga* del mundo.[3]

Ahora, ellos sí no podían combatir si no tenían el resguardo de este fetiche. Formaban una hilera inmensa para hacérselo, y entonces nosotros ocupábamos las posiciones defensivas, convirtiéndonos en el escudo para evitar la llegada del enemigo y que diera tiempo a que finalizara el ritual de la *dawa*.

Todo resultaba muy complejo. A mí, que era el jefe de retaguardia, me tocó organizar la comida, había casi 3 mil hombres y todos reclamaban cocinarla individualmente, lo cual nos ponía en peligro de ser descubiertos desde miles de kilómetros, por la humareda tremenda que se habría formado. A pesar de ello, lo más que se logró fue que se cocinaran por pelotón, unos 25 hombres más o menos.

Colaboración con congoleños

De modo que la primera tarea del Che, su lucha permanente, era persuadirnos y hacernos comprender esta situación: que nos encontrábamos en un pueblo sumamente atrasado, sometido durante más de cuatro siglos por los colonialistas.

Cuándo se observa su comportamiento con los africanos, uno se percata una vez más de la grandeza del Che, de su humildad extrema. Él creía en el principio de que la colaboración conllevaba un grado de subordinación, aunque más tarde la experiencia del Congo lo hizo reconsiderar su táctica para el caso de Bolivia, donde ya fue más exigente con Mario Monje.[4]

Por esa disposición suya a la subordinación incondicional es que podía vérsele, después de haber sido Ministro de Industrias de Cuba, Presidente del Banco Nacional, de la Junta Central de Planificación, de haber sido una personalidad influyente de la construcción del socialismo en Cuba, sentado en una choza esperando durante meses a que pudiera realizarse la entrevista con los principales dirigentes del Ejército de Liberación Nacional del Congo (ELNC). Solo pudo sostener un diálogo fugaz con Laurent-Desiré Kabila, segundo jefe del movimiento.

Únicamente era necesario que un nativo asumiera la conducción del movimiento en Kibamba. Al arribar a este sitio, el Che había encontrado a un hombre valiente y capaz, Leonard Mitoudidi, quien era el jefe de operaciones, pero por azares de la vida murió a los pocos días de estar allí. Más tarde fue enviado a responsabilizarse como jefe del Estado Mayor Idelphonse Massengo, quien halló cierta aceptación en los jefes del frente, mas no toda la requerida. Él se quedó el resto del tiempo, y posteriormente a la salida del Che continuó la lucha. Murió allí combatiendo, según me han informado.

Es bueno apuntar que antes de nuestra partida hacia el Congo, de acuerdo con los informes recibidos en Cuba, más de la mitad del país debía de haberse liberado. Sin embargo, eso no era real, la información falló; hubo algunas apreciaciones inexactas, incluso geográficas: según los primeros reportes las montañas estaban casi pegadas al lago Tangañika y no era así. Quien elaboró la información había observado la costa a distancia desde el lago.

Llega el momento en que el Che determina que no podía esperar más por la dirección del movimiento y se decide ir hacia el frente de batalla; comienza una etapa distinta de marchas, emboscadas, ataques. Es el asalto a Front de Force, el combate más fuerte, donde perdimos a algunos compañeros.

Los cubanos pensábamos que no era conveniente atacar, también el Che, pero fue flexible y aceptó la propuesta del jefe del frente de asaltar a Front de Force. Falló la coordinación de las acciones y no se cumplieron como se había previsto. Fundamentalmente, el combate debía iniciarse con un impacto de lanzacohetes sobre la cortina de la presa de una hidroeléctrica. Esto no se ejecutó, pero todas las demás fuerzas prosiguieron el avance hasta penetrar dentro de los sectores del fuego enemigo.

Las tropas enemigas, acantonadas en el puente, tenían bien colimadas de antemano con los morteros todas las áreas de acceso y precisados todos los fuegos sobre las vías. Cuándo comenzaron las acciones les fue muy fácil acometer una exacta preparación artillera de morteros, porque tenían todas las correcciones hechas, lo habían practicado varias veces y tenían bien elaborada su defensa. Esto, unido a la falta de coordinación y a que muchos combatientes se replegaron espontáneamente, nos obligó a retirarnos sin conseguir los objetivos.

Este resultó un golpe duro para el mantenimiento de la moral de nuestra gente. En cualquiera de las versiones escritas sobre la presencia del Che en África, entre ellas por ejemplo, la del general William Gálvez, *El sueño africano del Che*, pueden apreciarse valoraciones muy fuertes del Che, en las cuales está presente su concepto del papel que nos correspondía desempeñar a los cubanos; el de un educador, un reformador social. Por ello exigía que siempre fuéramos ejemplo y nos convocaba a asumir una gran humildad, capacidad de sacrificio y de comprensión de aquel caso. Todos los problemas de actitud comportaban una base social sicológica, dada por la diferencia cultural entre un grupo y otro.

Che buscaba mantener unidad y moral

En medio de una coyuntura en la que un conjunto de compañeros quería retornar a Cuba, donde faltaba cohesión interna entre grupos del movimiento congolés y existía dentro de éste desconfianza con relación a los ruandeses,[5] el Che buscaba incesantemente aglutinar a los diferentes grupos; mantener la disciplina y la moral combativas indispensables para garantizar la unidad de lucha que aseguraba conducir la guerra. Esto requirió ser firme y exigente; no podía dejar que se originara el caos.

Ante la obligación de solucionar estos conflictos en los cuales estaba envuelto, apelaba a la persuasión, al convencimiento, a su autoridad moral. Se lo permitía el prestigio ganado en Cuba y ese alto grado de rigurosidad, en primera instancia consigo mismo, que lo hacía capaz incluso de autosancionarse si cometía un error.

Un día amanecimos con una montaña de fusiles; los combatientes los habían tirado al suelo. El Che llamó a un congolés y acordó con él que lo iba a increpar, que éste debía reaccionar dándole la razón y recogiendo su arma. El Che comenzó su plática en francés y al hombre se le olvidó todo, entonces le dijo: "Oye, chico, ¿tú no habías quedado conmigo en coger el fusil?" El congolés tomó su arma y todos los demás lo imitaron. Eso da la idea del estado sicológico reinante en aquellos momentos.

Adentrados ya en la profundidad del territorio congolés, cuándo por una necesidad imperiosa se decide nuestra salida y el Che analiza todos aquellos conflictos internos, quería ir en busca de Pierre Mulele, jefe de uno de los tres frentes de batalla, quien se hallaba en el otro extremo del país. Había que trasladarse prácticamente hasta Brazzaville. La idea del Che era atravesar todo Zaire, en una invasión parecida a la que realizamos los combatientes del Ejército Rebelde desde el Oriente de Cuba hasta Las Villas[6] (zona central); pero más grande, una gran marcha de casi mil hombres, cruzando un país de tres millones de kilómetros cuadrados aproximadamente.

No hay que olvidar que la presencia de la columna cubana en el Congo-Leopoldville dependía en cierta medida de la política trazada por la OUA [Organización de Unidad Africana][7], en su reunión de Addis Abeba, en el sentido de brindar apoyo solamente a los movimientos de liberación nacional y no a luchas intestinas. A la altura de noviembre de 1965 ocurre un cambio interno que depone al dictador Moise Tshombe[8] (autor del asesinato de Lumumba), y la OUA reconsidera nuestra presencia allí.

El Che fue facultado para decidir si nos marchábamos y, cumpliendo con el mandato de la OUA, dispuso el repliegue, lo más organizadamente posible. Pero al propio tiempo se afanó en buscar a alguien que se encargara del movimiento y le firmara un documento donde se solicitara la retirada de nuestras fuerzas, porque él quería sentar bien claro que los cubanos no estábamos dejando a los congoleses voluntariamente, sino que nos obligaba la coyuntura creada en ese país.

No apareció nadie para firmar el documento. Nosotros empezamos a retroceder hacia el lago, bajo una gran presión, esquivando desembarcos aerotransportados en la profundidad y persecuciones. Recuerdo las palabras del Che acerca de evitar sicológicamente el concepto de la derrota, de cómo la pérdida de combatividad erosiona la moral y se convierte en el enemigo más peligroso. Nos habló de una novela rusa, donde un destacamento guerrillero sufre esos efectos al chocar con la realidad del revés.

La salida fue bastante compleja. El plan era haber cruzado el lago en la madrugada, en dos lanchitas que se agenció el capitán Lawton (Changa), pero esto fue imposible y tuvimos que partir de día; nos cogió el pleno sol en medio de ese mar de agua dulce. La gente no podía más del agotamiento.

En las lanchas instalamos un cañón, con el cual no podíamos disparar porque solamente el rebufo las hubiera destruido y acabado con toda aquella cantidad de hombres que íbamos sobre ellas. Sin embargo, esta estratagema nos sirvió para que, cuándo los congoleses enemigos comenzaron a dar vueltas alrededor nuestro en dos lanchas rápidas Petit Vedette tripuladas por belgas, creyeran que estábamos en capacidad de combatir, eludieran la confrontación y nos dejaran pasar. Si hubieran decidido enfrentarnos, nada más con cuatro tiros nos habrían despedazado a todos. Al final de la jornada logramos salir.

Hoy yo pienso que la presencia del Che en el Congo desempeñó un papel muy importante desde el punto de vista sociológico; realmente contribuyó de modo muy positivo a la vez que conllevaba un simbolismo fuerte. Lo más trascendente es el mensaje ideológico, el mensaje revolucionario de confraternidad, de cooperación, de sacrificio, llevado por él allí, y que expresaba la esencia humanista de la revolución cubana y de Fidel.

---

1. Guevara visitó África por tres meses, de diciembre de 1964 a marzo de 1965, promoviendo las relaciones de Cuba con gobiernos y movimientos de liberación africanos. Entre otros países visitó Argelia, Mali, Congo-Brazzaville, Guinea, Ghana, Dahomey [Benin], Tanzania y Egipto.

2. En 1987, Castro dijo a un periodista italiano: "Cuándo él [Che] se sumó a nosotros en México... planteó una sola cuestión: 'Yo lo único que quiero después que triunfe la revolución y quiera irme a luchar a Argentina —a su país—, es que no se me limite esa posibilidad, que razones de estado no impidan eso'. Y yo se lo prometí".

3. Un *muganga* era quien ofrecía el *dawa*, un fetiche que supuestamente protegía a un combatiente de todo peligro.

4. Mario Monje era el secretario general del Partido Comunista de Bolivia. Saboteó la lucha revolucionaria dirigida por Che en ese país. Che rechazó la demanda de Monje de que fuese Monje el comandante militar del frente guerrillero.

5. Un contingente de voluntarios ruandeses participaba en la lucha congoleña.

6. Una referencia a la marcha del Ejército Rebelde hacia el oeste, desde la Sierra Maestra en Cuba oriental hasta la provincia central de Las Villas. Fue realizada entre agosto y octubre de 1958 por las columnas dirigidas por Guevara y Camilo Cienfuegos. Dicha acción selló el fin de la dictadura batistiana.

7. La OUA, que originalmente había pedido apoyo internacional para la lucha contra el régimen del Congo dirigido por Moise Tshombe y sus partidarios mercenarios y belgas, cambió de posición cuándo Tshombe fue depuesto el 13 de octubre de 1965, y el nuevo régimen se comprometió a enviar a los mercenarios a sus países de origen.

8. Patricio Lumumba fue el dirigente de la lucha independentista congoleña contra Bélgica y llegó a ser primer ministro del país en 1960. Con el apoyo de los gobiernos de Estados Unidos y de Bélgica, Moise Tshombe libró una guerra contra el gobierno de Lumumba recibiendo ayuda de tropas "pacificadoras" de Naciones Unidas. Lumumba fue asesinado por tropas de Tshombe en enero de 1961.

CHE GUEVARA, CUBA Y LA REVOLUCIÓN ARGELINA

por Ahmed Ben Bella

El siguiente artículo apareció en la edición de octubre de 1997 de la publicación francesa *Le Monde Diplomatique* bajo el título "El 30 aniversario de la muerte de Ernesto Che Guevara: Así era el Che". El autor, Ahmed Ben Bella, fue el principal dirigente del Frente de Liberación Nacional (FLN) de Argelia, que dirigió la lucha por la independencia contra Francia. Ben Bella fue presidente del gobierno revolucionario obrero y campesino que llegó al poder tras la victoria sobre París en 1962. Fue derrocado en un golpe contrarrevolucionario dirigido por el coronel Huari Bumedián en junio de 1965. El artículo se reproduce con permiso de *Le Monde Diplomatique* © 1997. La traducción, los subtítulos y las notas son de *Perspectiva Mundial.*

El 9 de octubre de 1967, en una escuelita en La Higuera, Bolivia, Ernesto Che Guevara, hecho prisionero el día anterior, fue asesinado. Así terminó la vida de un revolucionario a quien Jean-Paul Sartre calificó como "el ser humano más completo de nuestra época". Una vida que lo había llevado de Argentina a Guatemala, de Cuba al Congo, y finalmente a Bolivia, inspirado por la esperanza generosa de aliviar el sufrimiento de los pobres. El presidente Ahmed Ben Bella se entrevistó con él muchas veces en Argel entre 1962 y 1965, cuándo esa ciudad servía de refugio para todos los antiimperialistas del mundo.

Desde hace treinta años Che Guevara interpela a nuestras conciencias. Desde más allá del tiempo y del espacio, oímos el llamado de Che, que nos exige responder: "Sí, solo la revolución puede a veces transformar al hombre en un ser luminoso". Vimos esta luz iluminar su cuerpo desnudo, tendido en alguna parte lejana del Ñancahuazú,[1] en aquellas fotos que aparecieron en los periódicos de todos los rincones del mundo. El mensaje de su última mirada nos sigue llegando hasta lo más profundo del alma.

Che era intrépido, pero era un intrépido consciente, con el cuerpo debilitado por el asma. A veces, cuándo yo lo acompañaba en las alturas de Chréa, que dominaban el pueblo de Blida, lo veía sufrir un ataque que le ponía la cara verdosa. Cualquiera que haya leído su diario de Bolivia sabe con qué mala salud tuvo que enfrentar las terribles pruebas físicas y morales que regaron su camino.

Es imposible hablar de Che sin hablar de Cuba y de las relaciones especiales que nos unían, ya que la historia y la vida de Che estaban muy ligadas a ese país que fue su segunda patria desde antes de que se dirigiera hacia donde lo llamaba la revolución.

Conocí a Ernesto Che Guevara en el otoño de 1962, en vísperas de la crisis internacional en torno al asunto de los misiles y al bloqueo de Cuba decretado por Estados Unidos.[2] Argelia acababa de ganar la independencia, se había constituido su primer gobierno. Como jefe de ese gobierno, yo debía asistir en septiembre de 1962 a la sesión de la ONU, en Nueva York, donde simbólicamente se izaría la bandera argelina sobre la sede de Naciones Unidas, ceremonia que consagraba la victoria de nuestra lucha de liberación nacional y la incorporación de Argelia al concierto de naciones libres.

Reproducido de *Perspectiva Mundial*, febrero de 1998.

Visitas a Washington y a La Habana

El Buró Político del FLN había decidido que al viaje a Naciones Unidas debía seguir una visita a Cuba. Más que una visita, se trataba ante todo de un acto de fe para demostrar nuestro compromiso político. Argelia deseaba subrayar en público su solidaridad total con la revolución cubana, especialmente en aquellos momentos difíciles de su historia.

Yo fui invitado el 15 de octubre de 1962 a la Casa Blanca, donde tuve discusiones francas y acaloradas en torno a Cuba con el presidente John Fitzgerald Kennedy. Le hice una pregunta directa: "¿Se encamina usted a un enfrentamiento con Cuba?" Su respuesta no dejó duda alguna sobre sus verdaderas intenciones. "Si no hay misiles soviéticos, no; si los hay, sí". Kennedy trató insistentemente de disuadirme de volar a Cuba directamente desde Nueva York. Hasta evocó la posibilidad de que la oposición cubana radicada en Miami atacara el avión de la fuerza aérea cubana que debía llevarme a La Habana. Ante esas amenazas poco disimuladas, le respondí que yo era un *felaga* y que no me intimidaban las amenazas de los *harkis*, fuesen argelinos o cubanos.[3]

Ahmed Ben Bella **(arriba al centro)**, líder de la revolución argelina, recibe la bienvenida a La Habana del primer ministro cubano Fidel Castro **(arriba, izquierda)** y por una multitud entusiasta en octubre de 1962. A la derecha se encuentra el presidente cubano Osvaldo Dorticós. El día anterior Ben Bella tuvo una recepción mucho más fría del presidente norteamericano John Kennedy en Washington **(foto a la derecha)**.

Llegamos a Cuba el 16 de octubre en medio de una algarabía popular indescriptible. El programa preveía discusiones políticas en la sede del partido en La Habana a la llegada de nuestra delegación. Pero las cosas tomaron otro curso. Apenas se depositó nuestro equipaje donde nos íbamos a alojar, nos deshicimos del protocolo y entablamos una larga discusión con Fidel, Che Guevara, Raúl Castro y los demás dirigentes que nos acompañaban.

Nos quedamos ahí a conversar por horas y horas. Desde luego, les transmití a los dirigentes cubanos mi impresión de la entrevista que había tenido con el presidente Kennedy. Al final de esas discusiones apasionadas en torno a mesas que habíamos juntado lado a lado, nos dimos cuenta de que prácticamente habíamos agotado el temario que debíamos abordar, y que ya no había razón para reunirse en la sede del partido. De común acuerdo, pasamos directamente al programa de visitas que debíamos hacer a través del país.

Esta anécdota da una idea de la falta total de protocolo que, desde un principio, fue la norma de los lazos que unían la revolución cubana con la revolución argelina, y de los lazos personales que me unían a Fidel Castro y a Che Guevara.

Tropas cubanas ayudan a Argelia

Esta solidaridad se confirmó de una manera espectacular en octubre de 1963 cuándo la campaña de Tindouf presentó la primera amenaza grave contra la revolución argelina.[4] Nuestro joven ejército, recién surgido de una lucha de liberación, aún no tenía ni protección aérea —no disponíamos de un solo avión— ni fuerzas mecanizadas. Lo atacaron las fuerzas armadas marroquíes en un terreno de lo más desfavorable, donde no podía utilizar los únicos métodos que conocía y que había puesto a prueba durante nuestra lucha de liberación, es decir, la guerra de guerrillas.

El desierto y sus vastas extensiones áridas estaban lejos de las montañas de Aurès, de Yuryura, de la península de Collo o de Tilimsen, que habían sido el medio natural de nuestro ejército, el cual conocía todos sus recursos y todos sus secretos. Nuestros enemigos avanzaron decididos a tratar de romper el ímpetu de la revolución argelina antes de que se volviera demasiado fuerte y arrastrara todo en su estela.

El presidente egipcio [Gamal Abdel] Nasser nos envió muy rápidamente la protección aérea que necesitábamos, y Fidel Castro, Che Guevara, Raúl Castro y los demás dirigentes cubanos nos enviaron un batallón de 22 tanques y varios centenares de soldados. Estos fueron desplazados a Bedeau, al sur de Sidi Bel Abbès, donde yo los visité, y estaban listos a entrar en combate de realizarse aquella guerra de las dunas.

Los tanques estaban dotados de equipo infrarrojo que permitía uso nocturno; los soviéticos se los habían entregado a Cuba con la condición expresa de que bajo ninguna circunstancia terminaran en manos de terceros países, incluidos los estados comunistas, tales como Bulgaria. A pesar de estas restricciones por parte de Moscú, y haciendo caso omiso de los tabúes, los cubanos no vacilaron en enviar sus tanques para socorrer a la revolución argelina que estaba en peligro.

La mano de Estados Unidos era muy evidente detrás de los sucesos de Tindouf. Sabíamos que los helicópteros que transportaban a las tropas marroquíes eran piloteados por norteamericanos. Fueron esencialmente las mismas razones de solidaridad internacional las que condujeron posteriormente a los dirigentes cubanos a intervenir al otro lado del Océano Atlántico en Angola y en otras partes.

Vale la pena relatar las circunstancias que precedieron la llegada de este batallón de tanques, porque ilustran más que cualquier otro comentario el carácter de nuestras relaciones especiales con Cuba.

En octubre de 1962, cuándo visité Cuba, Fidel Castro insistió en cumplir la promesa que su país nos había hecho de darnos ayuda por valor de 2 mil millones de francos franceses viejos.[5] Dada la situación económica de Cuba, la ayuda sería entregada en azúcar y no en divisas. A pesar de mis objeciones, en el sentido que en esos momentos Cuba necesitaba su azúcar aún más que nosotros, él no quiso escuchar argumentos.

Como a un año de aquella conversación, un buque de bandera cubana atracó en el puerto de Orán. Junto al cargamento prometido de azúcar, tuvimos la sorpresa de encontrar dos decenas de tanques y cientos de soldados cubanos que acudían para ayudarnos. En una hoja arrancada de un cuaderno escolar, Raúl Castro me enviaba un breve mensaje anunciando este gesto de solidaridad.

Obviamente, no podíamos dejar que este barco regresara vacío, así que lo llenamos de productos argelinos y, siguiendo el consejo del embajador Jorge Serguera, agregamos unos cuantos caballos beréberes. Así comenzó entre nuestros dos países un trueque de carácter no comercial, hecho en nombre de la solidaridad y que, dentro de lo que permitían las circunstancias (y las limitaciones), fue un elemento característico de nuestras relaciones.

Che Guevara estaba particularmente consciente del sinnúmero de restricciones que obstaculizan y debilitan una verdadera acción revolucionaria —así como de los límites que afectan todo experimento, hasta el más revolucionario— desde el momento que enfrenta directa o indirectamente las reglas implacables de la ley del mercado y de la mentalidad mercantilista. El las denunció en público en la Conferencia Afro-asiática, que se celebró en Argel en febrero de 1965.[6] Por otra parte, las penosas condiciones bajo las que había concluido el asunto de los misiles instalados en Cuba, y el acuerdo entre la Unión Soviética y Estados Unidos, habían dejado un sabor amargo. Yo mismo tuve un intercambio muy duro sobre este tema con el embajador soviético en Argel. Todo esto se conjugó con la situación reinante en África, que parecía deparar inmensas posibilidades revolucionarias. Esto llevó a Che a concluir que el eslabón débil del imperialismo se encontraba en nuestro continente y que desde ese momento él debía dedicar sus esfuerzos en África.

Labor internacionalista de Che en África

Yo traté de señalarle que quizás ésta no era la mejor forma de ayudar a la maduración revolucionaria que se desarrollaba en nuestro continente. Si bien una revolución armada puede y debe buscar apoyo extranjero, aún así debe crear sus propios recursos internos sobre los cuales se ha de apoyar. Sin embargo, Che Guevara insistía en que su compromiso fuese total y que contara con su presencia física. Hizo varios viajes a Cabinda (Angola) y a Congo-Brazzaville.

Él rehusó el avión particular que ofrecí ponerle a su disposición para asegurar la mayor discreción en sus movimientos. Yo alerté a los embajadores argelinos en toda la región para que se pusieran a su disposición. Después de cada uno de sus viajes por África negra, nos pasábamos largas horas intercambiando ideas. Cada vez regresaba impresionado por la fabulosa riqueza cultural del continente, pero a la vez descontento con sus encuentros con los partidos marxistas de los países que había visitado y cuyos enfoques políticos lo irritaban. Su experiencia en Cabinda, así como la que tuvo posteriormente con la guerrilla que se desarrolló en la región de Stanleyville, lo decepcionaron mucho.[7]

Paralelamente al accionar de Che, nosotros llevábamos a cabo otra acción para salvar la revolución armada en Zaire occidental. Con el acuerdo de Nyerere, Nasser, Modibo Keita, Nkrumah, Kenyatta y Sekou Touré,[8] Argelia aportó armas a través de un verdadero puente aéreo que pasaba por Egipto, mientras que Uganda y Mali se encargaron de proporcionar cuadros militares. Habíamos concebido este plan de rescate en una reunión organizada a iniciativa mía en Cairo. Comenzábamos a ponerlo en práctica cuándo los dirigentes de la lucha armada nos hicieron un llamado desesperado. Lamentablemente, pese a nuestros esfuerzos, actuamos demasiado tarde y la revolución fue anegada en sangre por los asesinos de Patricio Lumumba.

Durante una de sus visitas a Argel, Che Guevara me comunicó un pedido de Fidel. Puesto que Cuba estaba demasiado vigilada, no había posibilidades reales de organizar el envío a América Latina de las armas y los cuadros militares entrenados en Cuba. ¿Podía fungir Argelia como punto de enlace? La distancia no era una gran desventaja. Al contrario, podía ser ventajoso para mantener las condiciones secretas requeridas para el éxito de una operación tan importante. Por supuesto que respondí con un "sí" espontáneo. Inmediatamente comenzamos a establecer las estructuras, bajo el control directo de Che Guevara, para recibir a los movimientos revolucionarios de América Latina.

Los representantes de todos estos movimientos revolucionarios no tardaron en trasladarse a Argel, donde yo me reuní con ellos en innumerables ocasiones acompañado de Che. Se estableció un estado mayor, que agrupaba a estos movimientos, en las alturas de Argel, en una gran propiedad rodeada de jardines que les habíamos asignado por su importancia simbólica. Villa Susini era un sitio célebre y su nombre ha pasado ya a la posteridad. Durante la lucha de liberación nacional había sido un centro de tortura donde habían muerto muchos hombres y mujeres de la resistencia.

Un buen día Che Guevara me dijo, "Ahmed, acabamos de sufrir un golpe duro. Un grupo de hombres entrenados en Villa Susini ha sido detenido en la frontera entre tal y tal país (ya no recuerdo los nombres) y temo que hablen bajo tortura". Él se inquietó mucho y temía que se revelara el lugar secreto donde se preparaban las acciones armadas, y que nuestros enemigos cayeran en la cuenta de la verdadera naturaleza de las empresas de importación-exportación que habíamos establecido en Sudamérica.

Che Guevara ya se había marchado de Argel cuándo ocurrió el golpe de estado militar del 19 de junio de 1965, contra el cual él ya me había advertido que me pusiera en guardia. Su salida de Argel, su muerte en Bolivia, y mi propia desaparición durante 15 años deben estudiarse en el contexto histórico del reflujo posterior a la etapa de luchas victoriosas de liberación. Este reflujo significó el fin, después del asesinato de Lumumba, de regímenes progresistas del Tercer Mundo, entre otros los de Nkrumah, Modibo, Keita, Sukarno, Nasser, etcétera.[9]

La fecha del 9 de octubre de 1967 está grabada

con letras de fuego en nuestra memoria. Para mí, siendo un preso solitario, fue un día de inmensa tristeza. La radio anunció la muerte de mi hermano, y los enemigos que nosotros habíamos combatido juntos entonaban su siniestro canto de victoria. Pero mientras más nos alejamos de esa fecha, y se desvanecen de la memoria las circunstancias de la guerrilla que llegó a su fin aquel día en el Ñancahuazú, más presente está el recuerdo de Che en los pensamientos de los que luchan y abrigan esperanzas. Más que nunca él forma parte de la trama de sus vidas cotidianas. Algo de Che les queda enterrado en el corazón y el alma, cual tesoro en lo más profundo, lo más secreto y lo más rico de su ser, reanimando su valor, atizando sus energías.

Un día de mayo de 1972, el silencio opaco de mi prisión, vigilada celosamente por cientos de soldados, se rompió con un estrépito tremendo. Me enteré de que, a apenas unos cientos de metros, Fidel estaba visitando una granja modelo, sin saber, indudablemente, que yo me hallaba en esa casa morisca, aislada sobre la colina, y cuyo techo él podía divisar por encima de los árboles. Seguramente fue por estas mismas razones de discreción que, no hacía mucho, esta misma casa había sido escogida por el ejército colonialista como centro de tortura.

En ese momento los recuerdos inundaron mi mente. Una multitud de rostros desfiló por mi mente como película vieja. Jamás Che había estado tan vivo en mi recuerdo desde que nos habíamos separado.

En realidad, mi esposa y yo jamás lo olvidamos. Una gran foto de Che permaneció colgada siempre en la pared de nuestra cárcel, y su mirada fue testigo de nuestra vida cotidiana, de nuestras alegrías y penas. Pero hay otra foto, una fotito recortada de una revista que yo había pegado sobre cartón y protegido con plástico, que siempre nos acompañó en nuestras peregrinaciones. Es la más cercana a nuestros corazones. Ahora está en Maghnia, mi pueblo natal, en casa de mis difuntos padres, donde depositamos nuestros recuerdos más preciosos antes de exiliarnos. Es la foto de Ernesto Che Guevara, su cuerpo tendido, el torso desnudo, radiante de luz. Tanta luz y tanta esperanza.

---

1. El primer combate guerrillero del destacamento de Guevara en Bolivia se llevó a cabo en la región del Ñancahuazú, donde se encontraba el campamento de los combatientes.

2. El 22 de octubre de 1962, Kennedy inició la "crisis de los misiles cubanos", o la Crisis de Octubre según se conoce en Cuba. El presidente norteamericano ordenó un bloqueo total contra Cuba, amenazó con una invasión a la isla y puso las fuerzas militares norteamericanas en todo el mundo en estado de alerta nuclear. Washington exigió el retiro de los misiles nucleares soviéticos instalados en Cuba bajo el acuerdo mutuo de los dos gobiernos soberanos. Los trabajadores y agricultores cubanos respondieron con una movilización masiva en defensa de la revolución. Al toparse con la determinación del pueblo cubano y el conocimiento de que un ataque a Cuba causaría enormes bajas para Washington, Kennedy entró en negociaciones con el primer ministro soviético Nikita Jruschov, quien decidió retirar los misiles sin consultar con el gobierno cubano.

3. *Felaga*, un término árabe que significa "fuera de la ley" o "bandido", era usado por los combatientes independentistas de Argelia para identificarse de manera desafiante frente a los colonialistas franceses, que intentaban difamarlos con ese calicativo. *Harkis* eran las tropas contrarrevolucionarias auxiliares que organizó el ejército colonial francés en el norte de África.

4. En 1963 fuerzas marroquíes, apoyadas por Washington, invadieron Argelia, que había ganado su independencia de Francia un año antes después de una guerra revolucionaria de ocho años. A solicitud de Argelia, el gobierno cubano envió una columna de tropas al mando de Efigenio Ameijeiras, un veterano de la guerra revolucionaria cubana, para ayudar a detener el ataque. La sola presencia de las tropas cubanas obligó al gobierno de Marruecos a retroceder y retirar sus tropas.

5. Aproximadamente 3.3 millones de dólares al cambio de hoy.

6. Este discurso aparece en *Che Guevara Speaks,* editado por Pathfinder Press.

7. Stanleyville era el nombre de la actual Kisangani en la República Democrática del Congo (antes Zaire). Entre abril y diciembre de 1965, Guevara dirigió un contingente de más de 100 voluntarios cubanos para ayudar a las fuerzas revolucionarias que combatían al régimen en el Congo, el cual era apoyado por tropas belgas, sudafricanas y otras fuerzas imperialistas. En enero de 1961 Patricio Lumumba, líder de la lucha independentista contra el colonialismo belga y el primer jefe de estado del Congo, había sido asesinado por las fuerzas proimperialistas apoyadas por Washington. Había sido desarmado mediante la intervención de una misión "pacificadora" de Naciones Unidas dirigida por fuerzas norteamericanas.

8. Los presidentes de Tangañika (hoy Tanzania), Egipto, Mali, Ghana, Kenia y Guinea, respectivamente.

9. Sukarno, presidente de Indonesia, fue derrocado tras un golpe de estado militar en 1965.

CHE GUEVARA

Che Guevara habla a la juventud

El legendario dirigente argentino Che Guevara desafía a los jóvenes de Cuba y del mundo a que trabajen y se vuelvan disciplinados. A unirse a las filas delanteras de las luchas, sean grandes o pequeñas. A leer y estudiar. A que aspiren a ser combatientes revolucionarios. A que politicen las organizaciones en que militan y, así, se politicen a sí mismos. A que se conviertan en un tipo de ser humano diferente, conforme sumen esfuerzos con el pueblo trabajador en todas partes para transformar el mundo. Y, avanzando sobre esa vía, a que renueven y gocen de la alegría y la espontaneidad de ser joven. US$15. También en inglés y griego.

El diario del Che en Bolivia

La crónica diaria realizada por Guevara de la campaña guerrillera de 1966–67 en Bolivia. US$20. En inglés incluye "Una introducción necesaria" por Fidel Castro y —por primera vez en inglés— "Mi campaña con el Che" por el dirigente boliviano Inti Peredo. US$25

Pasajes de la guerra revolucionaria cubana, 1956–58

Recuento testimonial de las campañas militares y los sucesos políticos que culminaron en enero de 1959 en la insurrección popular que tumbó a la dictadura de Batista en Cuba. Con claridad y sentido del humor, Guevara explica cómo los hombres y mujeres del Ejército Rebelde y del Movimiento 26 de Julio dirigidos por Fidel Castro forjaron un liderazgo político capaz de guiar a millones de trabajadores y campesinos a iniciar la revolución socialista en América. En inglés. US$30

Che Guevara: economía y política en la transición al socialismo

CARLOS TABLADA

Citando extensamente los escritos y discursos de Che Guevara sobre la construcción del socialismo, este libro presenta la interrelación entre el mercado, la economía planificada, los estímulos materiales y el trabajo voluntario; y por qué las ganancias y demás categorías capitalistas no pueden servir para medir el avance en la transición al socialismo. US$21. También en inglés, francés y griego.

El socialismo y el hombre en Cuba

ERNESTO CHE GUEVARA Y FIDEL CASTRO

La presentación más conocida de las tareas y desafíos políticos al conducir la transición del capitalismo al socialismo. Incluye el discurso presentado por Castro en 1987, con motivo del vigésimo aniversario de la muerte de Guevara. US$15. También en inglés, francés, persa y griego.

Los Cinco Cubanos y la

VOCES DESDE LA CÁRCEL: LOS CINCO CUBANOS

La entereza revolucionaria, firmeza y humanidad de los Cinco se perfilan en las voces que se oyen aquí. Ante todo, vemos el respeto que se han ganado entre otros presos. Y por qué lo mismo sucede entre el pueblo trabajador por todas partes que ha conocido en carne propia los engranajes de la "justicia" capitalista. US$7. También en inglés, francés y árabe.

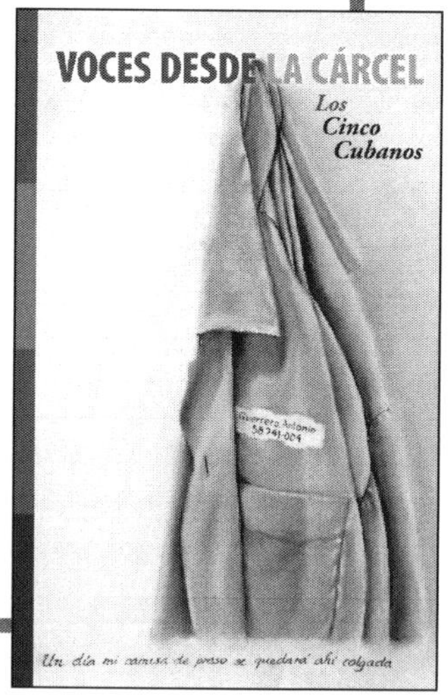

CUBA Y ANGOLA

Luchando por la libertad de África y la nuestra

FIDEL CASTRO, RAÚL CASTRO, NELSON MANDELA Y OTROS

Sobre la misión internacionalista cubana para ayudar al pueblo de Angola, que duró 16 años, en las palabras de los que hicieron esa historia. Incluye relatos de tres de los Cinco Cubanos que combatieron en Angola. US$12. También en inglés.

DE LA SIERRA DEL ESCAMBRAY AL CONGO

En la vorágine de la Revolución Cubana

VÍCTOR DREKE

Protagonista dirigente del movimiento revolucionario cubano por más de medio siglo, Dreke describe sus experiencias como segundo al mando en la misión internacionalista en el Congo dirigida por Che Guevara. También relata su participación en la guerra revolucionaria en 1956–58 que tumbó a la dictadura de Batista apoyada por Washington, así como su papel de comandante de batallones voluntarios que derrotaron a bandas derechistas tras la victoria revolucionaria. Describe el júbilo creativo con el cual el pueblo cubano, a través de batallas en su país y en otros, ha defendido su curso revolucionario. US$18. También en inglés.

POMBO: UN HOMBRE DE LA GUERRILLA DEL CHE

HARRY VILLEGAS

La historia de Villegas sobre la campaña revolucionaria dirigida por Ernesto Che Guevara en 1966–67 en Bolivia. Es el diario y testimonio de Pombo, miembro del Estado Mayor de Guevara, combatiente de apenas veintitantos años de edad mas ya veterano de una década de lucha internacional. El autor es hoy general de brigada de las Fuerzas Armadas Revolucionarias de Cuba. En inglés. US$25

JUNTO A CHE GUEVARA

Entrevistas a Harry Villegas (Pombo)

Actualmente un general de brigada en las Fuerzas Armadas Revolucionarias de Cuba, Villegas trabajó y luchó junto a Che Guevara por una década, en Cuba, el Congo y Bolivia. Aquí habla de las luchas en las que ha participado en más de cuatro décadas, entre ellas la derrota del ejército del apartheid sudafricano en Cuito Cuanavale en 1988 en Angola. US$5. También en inglés.

revolución socialista cubana

CUBA Y LA REVOLUCIÓN NORTEAMERICANA QUE VIENE

JACK BARNES

Trata sobre la lucha de los trabajadores en el corazón del imperialismo, los jóvenes atraídos a ellos y el ejemplo brindado por el pueblo de Cuba de que una revolución no solo es necesaria, se puede hacer. Trata sobre la lucha de clases en Estados Unidos, donde hoy día las fuerzas gobernantes descartan el potencial revolucionario de los trabajadores y agricultores tan rotundamente como descartaron el del pueblo trabajador cubano. Y de forma igualmente errada. US$10. También en inglés, francés y persa.

ABSUELTOS POR LA SOLIDARIDAD

16 acuarelas por 16 años de injusta prisión de los Cinco Cubanos

ANTONIO GUERRERO

En español e inglés, edición bilingüe. US$15

LOS CINCO CUBANOS

Quiénes son

Por qué les fabricaron un caso

Por qué deben ser liberados

ARTÍCULOS DEL *MILITANTE*

US$5. También en inglés, francés y persa.

Para quienes quieran conocer más sobre los Cinco Cubanos —y cómo se convirtieron en ejemplo en todo el mundo de la revolución socialista cubana— estos libros son un buen punto de partida.

LA PRIMERA Y SEGUNDA DECLARACIÓN DE LA HABANA

En ninguna parte se abordan con mayor franqueza y claridad los problemas de estrategia revolucionaria que hoy día afrontan hombres y mujeres en las primeras filas de luchas en América que en estas intransigentes condenas del despojo imperialista y de "la explotación del hombre por el hombre". Aprobadas cada una con la fuerza de asambleas de un millón de cubanos en 1960 y 1962. US$10. También en inglés, francés, griego, persa y árabe.

EN DEFENSA DEL SOCIALISMO

Cuatro discursos en el 30 aniversario de la Revolución Cubana, 1988–89

FIDEL CASTRO

Describe el papel decisivo que ocuparon los combatientes voluntarios cubanos en la última etapa de la guerra en Angola contra las fuerzas invasoras del régimen del apartheid sudafricano. El progreso económico y social, dice el dirigente cubano, no solo es posible sin la competencia a muerte del capitalismo, sino que el socialismo es el único camino para la humanidad. US$15. En inglés y griego.

¡QUÉ LEJOS HEMOS LLEGADO LOS ESCLAVOS!

Sudáfrica y Cuba en el mundo de hoy

NELSON MANDELA, FIDEL CASTRO

Al hablar juntos en Cuba en 1991, Mandela y Castro discuten la relación y ejemplo singulares de las luchas de los pueblos sudafricano y cubano. US$10. También en inglés y persa.

NUEVA INTERNACIONAL Nº. 5

El imperialismo norteamericano ha perdido la Guerra Fría

JACK BARNES

Al contrario de las esperanzas imperialistas al comenzar los años 90, en la secuela del colapso de regímenes en toda Europa oriental y la Unión Soviética que se decían comunistas, los trabajadores y agricultores no han sido aplastados. Tampoco se han estabilizado las relaciones sociales capitalistas. El pueblo trabajador sigue siendo un obstáculo tenaz al avance del imperialismo, obstáculo que los explotadores tendrán que enfrentar en batallas de clases y en guerras. US$16. También en inglés, francés, griego y persa.

NUEVA INTERNACIONAL Nº. 4

La marcha del imperialismo hacia el fascismo y la guerra

JACK BARNES

"Habrá nuevos Hitlers, nuevos Mussolinis. Eso es inevitable. Lo que no es inevitable es que triunfen. La vanguardia obrera organizará a nuestra clase para combatir el terrible precio que nos imponen los patrones por la crisis capitalista. El futuro de la humanidad se decidirá en la contienda entre estas dos fuerzas enemigas de clase". US$17. También en inglés, francés, griego y persa.

NUEVA INTERNACIONAL Nº. 7

Nuestra política empieza con el mundo

JACK BARNES

Las enormes desigualdades económicas y culturales entre los países imperialistas y semicoloniales, y entre las clases dentro de estos países, se reproducen y acentúan por las operaciones del capitalismo. Para que los trabajadores de vanguardia forjemos partidos capaces de dirigir una exitosa lucha revolucionaria por el poder en nuestros propios países, nuestra actividad debe guiarse por una estrategia para cerrar esta brecha. US$14. También en inglés, francés y griego.

NUEVA INTERNACIONAL Nº. 2

Che Guevara, Cuba y el camino al socialismo

ARTÍCULOS POR ERNESTO CHE GUEVARA, CARLOS RAFAEL RODRÍGUEZ, CARLOS TABLADA, MARY-ALICE WATERS, STEVE CLARK, JACK BARNES

Intercambios de los primeros años de la Revolución Cubana y actuales sobre las perspectivas políticas que Che Guevara reivindicó al ayudar a dirigir al pueblo trabajador a impulsar la transformación de las relaciones económicas y sociales en Cuba. US$14. También en inglés.

NUEVA INTERNACIONAL Nº. 8

Revolución, internacionalismo y socialismo: El último año de Malcolm X

JACK BARNES

"Comprender el último año de Malcolm es ver cómo, en la época imperialista, una dirección revolucionaria de la más alta capacidad política, valentía e integridad converge con el comunismo. Esa verdad tiene un peso aún mayor en la actualidad, en tanto la violenta expansión del capitalismo mundial arroja a miles de millones de personas por todo el mundo, en las ciudades y el campo, desde China hasta Brasil, a la lucha de clases moderna".
—Jack Barnes

El número 8 incluye "El legado antiobrero de los Clinton: Raíces de la crisis financiera mundial de 2008"; "La custodia de la naturaleza también recae en la clase trabajadora: En defensa de la tierra y del trabajo" y "Para dejar claro el historial sobre el fascismo y la Segunda Guerra Mundial". US$14. También en inglés y francés.

NUEVA INTERNACIONAL Nº. 6

Ha comenzado el invierno largo y caliente del capitalismo

JACK BARNES

La actual crisis capitalista global que se acelera —inicio de lo que serán décadas de convulsiones económicas, financieras y sociales y batallas de clases— acompaña la continuación de un cambio trascendental en la política y organización militar de Washington. Los trabajadores con disposición de lucha debemos encarar esta coyuntura histórica del imperialismo, derivando satisfacción de "meternos en su cara" al trazar un curso revolucionario para afrontarla. US$16. También en inglés, francés, griego, persa y árabe.

NUEVA INTERNACIONAL Nº. 3

El ascenso y el ocaso de la revolución nicaragüense

JACK BARNES

Basado en diez años de periodismo socialista desde Nicaragua, este número de Nueva Internacional recuenta los logros e impacto mundial de la revolución nicaragüense de 1979. Describe el repliegue político de la dirección del Frente Sandinista de Liberación Nacional que llevó a la caída del gobierno de trabajadores y agricultores a fines de los años 80. Documentos del Partido Socialista de los Trabajadores. US$16. También en inglés.

NUEVA INTERNACIONAL Nº. 1

Los cañonazos iniciales de la tercera guerra mundial: El ataque de Washington contra Iraq

JACK BARNES

El ataque asesino de 1990–91 contra Iraq anunció conflictos cada vez más agudos entre las potencias imperialistas, una creciente inestabilidad del capitalismo internacional y más guerras. US$16. También en inglés, francés y persa.

AMPLÍE su biblioteca revolucionaria

50 años de operaciones encubiertas en EE.UU.

La policía política de Washington y la clase obrera norteamericana

LARRY SEIGLE, FARRELL DOBBS, STEVE CLARK

La campaña política del Partido Socialista de los Trabajadores para exponer décadas de espionaje y acoso dirigidos por el FBI y otras agencias policiacas federales contra organizaciones obreras y otros opositores de las políticas del gobierno. Explica el origen del estado de "seguridad nacional" de Washington y la ampliación de los poderes presidenciales. Esta nueva edición incluye "La guerra imperialista y la clase trabajadora" de Farrell Dobbs. US$12. También en inglés y persa.

El socialismo en el banquillo de los acusados

Testimonio en el juicio por sedición en Minneapolis

JAMES P. CANNON

El programa revolucionario de la clase trabajadora, tal como fue presentado durante el juicio contra dirigentes del movimiento obrero de Minneapolis y del Partido Socialista de los Trabajadores por cargos amañados de "conspiración sediciosa" en 1941. Incluye, por primera vez en español, la respuesta de Cannon a críticos ultraizquierdistas de los acusados. Saca lecciones de experiencias del movimiento obrero, desde Marx y Engels hasta la Revolución de Octubre y después. US$16. También en inglés, francés y persa.

La última lucha de Lenin

Discursos y escritos, 1922-23

V.I. LENIN

En 1922 y 1923, V.I. Lenin, dirigente central de la primera revolución socialista en el mundo, libró lo que sería su última batalla política. Lo que estaba en juego era si esa revolución, y el movimiento internacional que dirigía, seguiría por el curso proletario que había llevado al poder a los trabajadores y campesinos en octubre de 1917. US$20. También en inglés y griego.

La clase trabajadora y la transformación de la educación

El fraude de la reforma educativa bajo el capitalismo

JACK BARNES

"Hasta que la sociedad se reorganice para que la educación sea una actividad humana desde que somos muy jóvenes hasta el momento en que morimos, no habrá una educación digna de la humanidad creadora y trabajadora". US$3. También en inglés, francés, persa y griego.

El Manifiesto Comunista

CARLOS MARX, FEDERICO ENGELS

El documento de fundación del movimiento obrero revolucionario moderno, publicado en 1848. Explica por qué el comunismo no es un conjunto de principios preconcebidos sino la línea de marcha de la clase trabajadora hacia el poder, una marcha que emana de las “condiciones reales de una lucha de clases existente, de un movimiento histórico que se está desarrollando ante nuestros ojos”. US$5. También en inglés, francés, persa y árabe.

Continuidad revolucionaria

Liderazgo marxista en Estados Unidos

FARRELL DOBBS

Cómo generaciones sucesivas de luchadores proletarios participaron en las luchas del movimiento obrero estadounidense para forjar una dirección que pudiera impulsar los intereses de clase de los trabajadores y pequeños agricultores a nivel mundial. Dos tomos en inglés:

Los primeros años, 1848–1917. US$20.

El nacimiento del movimiento comunista, 1918–1922. US$19.

La historia del trotskismo americano, 1928–38

Informe de un partícipe

JAMES P. CANNON

“El trotskismo no es un nuevo movimiento, una nueva doctrina”, dice Cannon, “sino la restauración, el renacimiento del marxismo genuino tal como se expuso y se practicó en la Revolución Rusa y en los primeros días de la Internacional Comunista”. En 12 charlas en 1942, James P. Cannon recuenta un período decisivo en la labor de construir un partido proletario en Estados Unidos. US$22. También en inglés y francés.

Política Teamster

FARRELL DOBBS

Cómo los Teamsters de Minneapolis combatieron casos fabricados por el FBI, ayudaron a organizar a los desempleados, desplegaron una Guardia de Defensa Sindical para repeler a matones fascistas, lucharon por impulsar la acción política obrera independiente y movilizaron fuerzas contra el ingreso del imperialismo estadounidense a la Segunda Guerra Mundial. También en inglés. US$19

La cuestión judía

Una interpretación marxista

ABRAM LEON

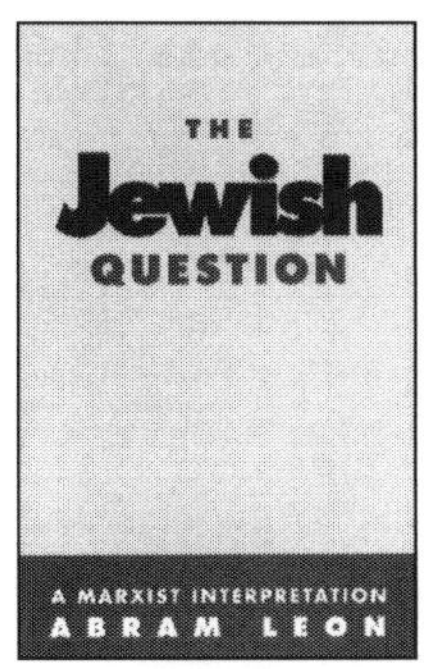

Explica que el origen de las justificaciones históricas del antisemitismo radica en la posición social de los judíos como “pueblo-clase” de comerciantes y prestamistas en los siglos antes del predominio del capitalismo industrial. Leon explica por qué los gobernantes adinerados incitan de nuevo el antisemitismo en la época del declive del capitalismo. En inglés. US$25

La emancipación de la mujer

Las mujeres en Cuba: Haciendo una revolución dentro de la revolución

VILMA ESPÍN, ASELA DE LOS SANTOS, YOLANDA FERRER

La integración inaudita de la mujer a las filas y a la dirección de estas batallas no fue una aberración. Fue parte íntegra de la trayectoria proletaria de la dirección de la Revolución Cubana desde el principio. Este libro es la historia de esa revolución y cómo transformó a las mujeres y a los hombres que la hicieron. US$20. También en inglés y griego.

La emancipación de la mujer y la lucha africana por la libertad

THOMAS SANKARA

"No existe una verdadera revolución social si la mujer no es libre", sostiene Sankara, dirigente de la revolución de 1983–87 en Burkina Faso. US$8. También en inglés, francés y persa.

El aborto: Derecho fundamental de la mujer

PAT GROGAN Y OTROS

Por qué el derecho al aborto tiene una importancia central no solo para la lucha por la emancipación plena de la mujer sino para forjar un movimiento obrero unido y combativo. US$6. También en inglés.

Los cosméticos, las modas y la explotación de la mujer

JOSEPH HANSEN, EVELYN REED, MARY-ALICE WATERS

Hace 60 años, un artículo en el semanario socialista estadounidense *The Militant* provocó un animado debate sobre cómo las industrias de cosméticos y "modas" se aprovechan de las inseguridades económicas y emocionales de las mujeres y los adolescentes para sacar ganancias. Hoy día ese intercambio, recogido en este libro, un clásico del marxismo, brinda una introducción sobre el origen de la opresión de la mujer y la lucha por la liberación. US$15. También en inglés y persa.

Marianas en combate

Teté Puebla y el Pelotón Femenino Mariana Grajales en la guerra revolucionaria cubana, 1956–58

TETÉ PUEBLA

La general de brigada Teté Puebla se integró en 1956, a los 15 años, a la lucha para derrocar a la dictadura de Fulgencio Batista respaldada por Washington. Esta es su historia: desde la actividad clandestina en las ciudades, hasta su papel como oficial en el primer pelotón femenino del Ejército Rebelde. La lucha por transformar la condición social y económica de la mujer en Cuba es inseparable de la revolución socialista en Cuba. US$14. También en inglés y persa.